Guida/Lexikon

Cinque Terre

KOMPASS

La carta turistica KOMPASS 1:50.000, foglio n. 644 «Cinque Terre» coincide amministrativamente con la provincia di La Spezia. La quasi totalità del suo territorio è costituito dai rilievi dell'Appennino Ligure, con cime che rimangono comunque ben al di sotto dei 2000 metri. La provincia spezzina confina a nord con l'Emilia Romagna, più precisamente con la provincia di Piacenza; a nord e a est con la provincia toscana di Massa Carrara; a ovest è confinante con la provincia di Genova (compresa nella presente cartografia fino a Sestri Levante); infine a sud è bagnata dal Mar Ligure.

Nel complesso, il paesaggio ligure si presenta estremamente articolato sotto molteplici aspetti, a iniziare dall'estensione generalizzata dei rilievi montuosi e collinari, che rendono alquanto vario il clima, a seconda dell'altitudine e dell'esposizione, e tutti i caratteri naturalistici che ne conseguono.

L'area orientale è costituita da terreni più recenti, rispetto alla parte a occidente, e dal profilo più dolce determinato da scisti argillosi e affioramenti calcarei, riscontrabili in modo particolare nel promontorio di Portovenere.

Tra i centri abitati, La Spezia, Sestri Levante e Lerici costituiscono i poli di attrazione più significativi; non vanno comunque dimenticati Portovenere, Moneglia, Déiva Marina e Riomaggiore. Le attività economiche, così come l'insediamento abitativo, prediligono la costa soprattutto per l'accennata impervietà dell'entroterra. La caratteristica disposizione ad anfiteatro dei crinali, quasi ad abbracciare porzioni di costa, rende particolarmente pittoresche le rive costiere, costituite da rocce e ripidi pendii a picco sul mare. Anche l'entroterra, tuttavia, con la sua morfologia tormentata, custodisce mirabili paesaggi spesso trascurati, ma pur ricchi di attrattive naturalistiche.

Fiore all'occhiello di questa zona rimangono comunque le Cinque Terre, con le loro magnifiche coste dirupate e i caratteristici paesi stretti fra i rilievi costieri, coronati da numerosi terrazzamenti, per rendere possibile lo sfruttamento del terreno.

Le varietà climatiche della Liguria, pur non prescindendo mai dalla prevalente esposizione a mezzogiorno della regione, spaziano dal clima temperato mediterraneo delle coste a un clima relativamente più rigido e piovoso nell'interno. Grande ruolo in questo gioca la protezione dai venti del nord a opera dei monti dell'Appennino ligure.

Lungo la fascia costiera sono rare le nevicate, il regime pluviometrico tuttavia aumenta gradualmente da ovest verso est, passando dagli 800 mm annui in provincia di Imperia ai 1300 mm in provincia di La Spezia.

Particolarità climatica della zona costiera delle Cinque Terre sono le improvvise piogge e le nebbie orografiche lungo lo spartiacque, do-

vute alle correnti meridionali umide che, incontrando l'ostacolo dei rilievi a picco sul mare, si innalzano raffreddandosi. Le nebbie orografiche possono verificarsi anche quando la costiera è inondata di sole, allorché avvenga l'incontro delle correnti calde con quelle più fredde provenienti da nord.
Le zone più intensamente popolate sono le coste: il completamento del nastro autostradale attraversante la Liguria nella sua lunghezza ha reso decisamente più fluida e facilmente percorribile una regione altrimenti molto scomoda dal punto di vista dei collegamenti. Ed è lungo le coste che tuttora tali collegamenti risultano poco agevoli, costituendo per talune zone, come le Cinque Terre, a un tempo un pregio e un difetto. Il pregio della libertà dal traffico caotico e dal relativo inquinamento ha favorito la formazione di un comprensorio turistico che unisce alla bellezza dei luoghi la tranquillità dei paesi e la possibilità di appaganti passeggiate. Per contro, la mancanza di agevoli comunicazioni viarie ha indotto un certo isolamento a cui si è tentato di sfuggire progettando la strada statale n. 370 (Litoranea delle Cinque Terre) che avrebbe dovuto collegare Sestri Levante a La Spezia, correndo su un tracciato di mezza costa, a una quota di 200-250 m sul mare. A tutt'oggi tale strada è stata completata solamente tra La Spezia e poco oltre Manarola. Varie proteste hanno dapprima rallentato e quindi fermato i lavori, sostenendo fosse un grave rischio, per un'area di notevole interesse naturalistico come le Cinque Terre, affrontare un incremento del flusso turistico che una nuova via di accesso avrebbe provocato, oltre al necessario deturpamento del paesaggio, per far posto alla strada.
Le attività economiche di tali coste sono perciò basate essenzialmente sul turismo e su tutte le varie attività a esso concernenti. Precedenti al turismo erano le attività legate al mare e alla terra: risulta chiara a prima vista la vocazione marinara dei piccoli paesi della riviera, in cui l'affacciarsi sul mare e l'essere seminascosti dalle alte coste rispondeva all'antico bisogno di sussistenza e protezione dai nemici. Molti di essi, infatti, sono di certa origine medievale, ma è antichissima la menzione dei Liguri come popolo appartenente a uno dei ceppi capostipiti dell'umanità. Lo sfruttamento del suolo con i tanti terrazzamenti dei terreni, disposti a fasce con l'ausilio di lunghi muri a secco, è parte integrante del paesaggio ed è indice della grande tenacia degli abitanti nel saper rendere coltivabile un terreno di per sé impervio. A ciò si aggiunga il clima mediterraneo, che permette la coltivazione della vite, dell'olivo e del seminativo. Particolarmente sviluppata è la viticoltura, soprattutto nella zona delle Cinque Terre. Laddove l'irrigazione sia agevole, cioè nei fondi vallivi, alle pendici dei rilievi e sulle coste vengono coltivati ortaggi, frutta e fiori. Sono caratteristici questi ultimi dell'economia della Riviera di Levante, specialmente per quanto riguarda le rose e i garofani, che colorano in più tratti la riviera, confe-

rendo un aspetto alquanto particolare al paesaggio.
Nell'entroterra, più povero, l'agricoltura si limita ai versanti a solatìo, dove a seconda dell'altitudine si possono incontrare ancora vigneti e oliveti e via via alberi da frutta e castagneti. Le zone rivolte a nord rimangono perlopiù selvatiche, dove la vegetazione è lasciata intatta e perciò suggestiva e altamente apprezzabile.
Centro collettore delle attività economiche del territorio di levante è la città capoluogo di provincia, La Spezia, seconda città della Liguria e grosso centro industriale con i suoi cantieri navali, gli stabilimenti meccanici, le fonderie e le raffinerie.

Geologia

La zona delle Cinque Terre ed i dintorni di La Spezia fanno parte della catena degli Appennini che si estendono per oltre 1500 chilometri lungo la penisola italiana, dalla linea Sestri-Voltaggio a nord-ovest di Genova fino in Calabria. Il paesaggio della Liguria orientale, con le colline coperte da vegetazione mediterranea, presenta un'interessante struttura geologica.
I terreni di questa zona sono costituiti prevalentemente da rocce mesozoiche, cioè di formazione triassica, giurassica e cretacica. Le grandi pieghe corrono da nord-ovest a sud-est. Come nei grandi oceani, ad esempio nell'Atlantico e nel Pacifico, la base era inizialmente costituita da rocce vulcaniche. Esse si sono formate lungo le dorsali oceaniche quando le lave, provenienti dall'interno della terra, si sono solidificate a contatto con l'acqua del mare. Questo fondo marino basaltico fu coperto da sedimenti silicei e in fondali marini meno profondi da sedimenti calcarei. Durante l'orogenesi, per la collisione della crosta oceanica con quella continentale, nelle zone antistanti le montagne, si formarono **fosse oceaniche** profonde varie migliaia di metri. Sul basso zoccolo continentale vicino alla terraferma si depositarono i materiali erosi nel retroterra e trasportati fin qui dai fiumi. Bastarono scosse di minima intensità per provocare, anche su terreni poco inclinati, enormi correnti di torbidità. Questi miscugli di sabbia e argilla si diffusero velocemente a forma di ventaglio sul fondale marino, separandosi in particelle più fini ed altre più grossolane. Le particelle più fini, rimanendo sospese più a lungo, si depositarono nella zona esterna del ventaglio. Le torbiditi, cioè le rocce derivate dai materiali risedimentati, sono costituite da strati di pietra arenaria più grossolana alla base, seguiti da arenaria più fina ed infine da strati di argilla. Migliaia di questi cicli hanno dato origine a serie di **flysch** che formano buona parte dell'Appennino settentrionale.
Durante l'orogenesi, queste varie zone sedimentarie sono state dislo-

cate dalla loro posizione originaria ed appilate una sull'altra. Risalendo ai periodi di formazione delle rocce si possono identificare le diverse unità tettoniche.

Percorrendo la costa, si incontrano queste unità tettoniche disposte a strisce. Nella zona tra Sestri Levante e Moneglia e nel golfo di La Spezia è visibile il **flysch del Gottero** (Cretaceo superiore-Paleocene) che, come il **flysch di Caio**, presente nella zona nord-orientale, fa parte dell'unità ligure. Segue una vasta striscia di resti degli antichi fondali marini vulcanici, cioè di ofioliti dell'unità di Bracco (Giurassico).

Le lave del fondo oceanico, trasformate in serpentine, furono sollevate durante l'orogenesi.

Queste rocce massicce, con scarsa vegetazione, sono riconoscibili per la loro forma scoscesa.

Sulla ripida costa nelle vicinanze di Levanto a sud delle masse eruttive ofiolitiche dell'unità di Bracco, si incontra una stretta striscia di flysch di Gottero.

La stratificazione alternata di arenarie, marne e argille può essere osservata lungo la **«Via dell'Amore»**, sulla ripida costa tra Manarola e Riomaggiore, dove i banchi di roccia sboccano nel mare come le pagine di un libro aperto.

Più a oriente seguono i flysch dell'unità toscana, il cui rappresentante maggiore è il **macigno**, una roccia di origine terziaria, presente tra Riomaggiore e La Spezia e a nord-est di questa zona. A sud di La Spezia si trovano piccoli giacimenti di quarziti e di arenarie rosse, resti di rocce più antiche formatisi tra il Permiano e il Triassico.

Il corso inferiore del **fiume Vara** attraversa una lunga **conca**, colmata da detriti di erosione delle montagne circostanti e da più recenti sedimenti fluviali.

Nei dintorni di Aulla, i resti del **flysch di Caio** (Cretaceo superiore-Eocene) si trovano depositati sopra il macigno dell'unità toscana.

Essi provengono da un'altra conca sedimentaria e furono dislocati sopra gli strati sottostanti durante l'orogenesi.

Guardando da vicino le superfici degli strati di arenaria fina nel flysch, si scorgono **tracce di pascolo** di abitanti vermicolari dei fondali marini. Sono le caratteristiche tracce fossili di elmintoidi, formate da solchi curvi o concentrici, equidistanti e tra loro paralleli.

Nella stratificazione alternata delle rocce flyschoidi avvengono spesso degli **smottamenti**, osservabili in vari punti, p.es. lungo l'autostrada La Spezia-Parma. Questa caratteristica del terreno crea spesso dei problemi durante i lavori di costruzione e di manutenzione delle strade.

Lungo le coste tirreniche, il frangente corrode le scogliere, le frantuma in ghiaia, sabbia ed argilla e le deposita nel mare. Si conclude così il ciclo dei sedimenti.

Storia degli insediamenti

Molte testimonianze lasciano intendere l'origine antichissima dei primi insediamenti umani in Liguria: nella grotta di Vallonnet nel territorio di Mentone, sono state rinvenute tracce indirette della presenza dell'uomo risalenti a oltre 900 mila anni fa. Altre testimonianze del Paleolitico si riscontrano in più località, come nelle caverne dei Balzi Rossi e nelle grotte di Toirano e Finale.
Agli albori dell'età storica gli abitanti della Liguria erano conosciuti da Esiodo, che nel suo poema parla dei Liguri come di gente rozza e inospitale, che abitava ai limiti della terra. Furono invece proprio i Liguri a intrecciare rapporti commerciali con gli Etruschi e gli Italici. Così come oggi, anche allora l'atteggiamento aperto degli abitanti delle coste non venne seguito nell'entroterra, dove al contrario le popolazioni si attrezzarono per l'amministrazione gelosa dei propri territori e iniziando una sorta di isolamento che si protrasse nel tempo.
Intorno al III sec. a. C. giunsero in territorio ligure i Romani, dopo che i Liguri avevano già intrattenuto relazioni commerciali e politiche con i Cartaginesi. Malgrado la conquista militare, il dominio romano non ebbe caratteri di repressione e anzi l'identità del popolo ligure fu rispettata. Risalgono a quel periodo la costruzione di alcune famose strade romane, quali la Iulia Augusta, da Vado alla Provenza; la Postumia, da Tortona a Genova; l'Aemilia Scauri, da Tortona a Vado. I Bizantini, dopo i Romani, seppero capire l'importanza dei porti liguri, che denominarono Provincia Maritima Italorum. Si succedettero nel dominio della Liguria anche i Longobardi e i Franchi. Fino all'anno Mille il golfo ligure fu inoltre infestato dai pirati saraceni e, per sfuggire alle loro scorrerie, i nuclei abitativi si spostarono sempre più negli antri o sulle alture di difficile attracco navale.
Sotto il regno di Berengario II, nella seconda metà del X sec., la regione fu divisa in tre marchesati feudali: l'Arduinica a ovest, l'Aleramica al centro e l'Obertenga a est. Tra l'XI e il XII sec. le Crociate e la guerra contro gli Arabi portarono i porti della Liguria ad armarsi e potenziarsi, ma ciò comportò anche l'acuirsi delle rivalità tra i comuni costieri.
Da questo momento in poi le vicende della Liguria saranno strettamente legate alla grandezza di Genova, che segnò un lungo periodo di storia con la sua politica espansionistica. Durante la vita di Andrea Doria (1466-1560) Genova visse il suo periodo aureo, ma alla scomparsa il vuoto che ne seguì ridimensionò alquanto le ambizioni dei Genovesi. In seguito, nel 1648, i Francesi bombardarono terribilmente la città. La parentesi francese fu relativamente breve, dopodiché Genova divenne facile preda degli Austriaci, già signori di Milano. Ma anche gli Austriaci furono ben presto cacciati, grazie a un'eroica

sollevazione popolare, dopo la quale venne costituita la Repubblica Ligure (1797). Già nel 1805 la città torna a essere inglobata nell'Impero francese, fino a che la disfatta napoleonica e il successivo Congresso di Vienna ne suggellarono il destino di annessione al Regno di Sardegna, sotto il quale rimase fino all'Unità d'Italia.
Dopo il 1943 le forze partigiane in Liguria avranno un ruolo importante nella Resistenza dell'Italia nord occidentale.

Flora e Fauna

Vista da un satellite a mille chilometri di altezza la Liguria appare come un'estensione di verde, ed effettivamente è la regione italiana più verde per quanto riguarda il rapporto tra aree verdi e urbanizzate. Il clima favorevole e la naturale difesa dei monti a nord non possono che creare le condizioni adatte a una vegetazione ricca e varia. Dal livello del mare fino a un'altitudine di circa 800 metri prospera la macchia mediterranea, il pino d'Aleppo, il pino da pinoli, agavi, palme e l'immancabile ulivo. Al di sopra degli 800 metri si incontrano castagneti frammisti a pini marittimi fino ai 1000-1500 metri, dove prendono posto i boschi di aghifoglie con pini silvestri, aceri e tassi nei versanti a solatìo, mentre a bacìo dominano i latifogli come i faggi, gli ontani e i carpini neri. Anche il sottobosco è ricco di specie interessanti, come il nocciolo. Le vette più alte, comunque al di sotto dei 2000 metri, presentano abeti rossi e larici a partire dai 1500 metri, oppure i tipici arbusti di quelle quote, come i rododendri e i ginepri nani.
Con una legge del 1984 la Regione Liguria ha disposto la protezione, totale o parziale, di specie vegetali rare come la Paeonia officinalis, il Cyclamen hederifolium aiton, la Saxifraga oppositifolia, il Sempervivum tectorum, la Primula marginata curtis e l'Ophyrus arachniformis.

È, quest'ultima, un'orchidea nera detta «fior ragno», che fiorisce in Liguria e pochissime altre coste italiane in terreni aridi e pietrosi.
La medesima ricchezza di varietà riscontrabile per la vegetazione ha il suo corrispettivo in campo faunistico. La conservazione di varie specie è resa possibile dall'istituzione di numerosi parchi naturali regionali. Grazie a essi, sono ancora osservabili lontre, donnole, ermellini, camosci, lepri bianche, camosci e rari esemplari di gatto selvatico nei parchi della Liguria occidentale, a quote relativamente elevate. Scendendo verso la costa si ha la fauna mediterranea. Alcune specie di quest'ultima sono rare in territorio italiano: parliamo di rettili come la Lacerta lepida, il Malpolon m. monspessolanus e il geco. Sono invece numerosi, in prossimità dei boschi, i cinghiali. Alterne fasi di popolamento trascorrono specie come i daini, le marmotte e i caprioli. Ricca è l'avifauna, con aquile e gufi reali, falchi, poiane e barbagianni. Grande abbondanza inoltre di codirossi, galli forcelli, coturnici alpine e picchi. Anche gli insetti sono qui di grande interesse scientifico: molti lepidotteri e coleotteri popolano l'estremità orientale della Liguria e presentano molte sottospeci endemiche.

Le Aree Protette

A partire dagli anni Settanta, ogni regione italiana ha previsto leggi e misure di salvaguardia dei "paesaggi naturali" che presentino caratteristiche particolarmente interessanti e preziosamente rare. La Regione Liguria, in base a studi ed analisi sul territorio, ha individuato alcune aree da destinare a parco. L'obiettivo di questa conservazione è evidente e quanto mai importante: un'intelligente salvaguardia naturalistica permette un miglioramento delle condizioni di vita che il solo progresso economico e industriale, slegato dal rispetto delle necessità ambientali, non potrebbe mai dare. Sulla presente cartografia si riconoscono le aree protette del Parco Nazionale delle Cinque Terre e del Parco Naturale Regionale di Montemarcello-Magra.

Parco Nazionale delle Cinque Terre

La protezione dell'area delle Cinque Terre e del Levante ligure nasce con legge regionale nel 1985, con l'istituzione delle due aree protette di Punta Manara-Punta Mesco e Cinque Terre. Nel 1995 viene creato il Parco Naturale Regionale delle Cinque Terre che comprende le due aree protette; infine nel 1999 viene istituito il Parco Nazionale delle Cinque Terre. L'area del Parco presenta un'interessante varietà di ambienti naturali: si passa, infatti, dalla costa, ai borghi marinari, fino alla montagna. La costa è a strapiombo sul mare con un susseguirsi di falesie che raggiungono la verticalità. La permeabilità dei terreni favorisce la presenza di numerose sorgenti, anche se i corsi d'acqua sono brevi ed a carattere torrentizio. Da qui è nata l'esigenza di regimentare le acque attraverso il modellamento dei versanti coi caratteristici muretti a secco. Nell'area del Parco vivono molte specie animali e vegetali. La flora del Parco è espressione della varietà di ambienti, determinata dal contrasto tra strati geologici diversi ed aree coltivate e naturali. La metà delle specie floristiche è di tipo mediterraneo e comprende numerose specie, che qui raggiungono il loro limite nord-orientale. La vegetazione arborea è assai lontana da quella tipica o potenziale ed è notevolmente varia: il 30% è occupata dai coltivi (vite, olivo ed orto) che hanno carattere decisamente antropico; il 20% è occupata da arbusti che evolvono in lecceti; il 30% ospita pinete di impianto artificiale ed il restante è formato da boschi comprendenti lecci, castagni, querce e macchia. L'ambiente costiero permette accumuli di terra nei quali si osservano la *Euphorbia dendroides*, il *Ramnus alaterno* e l'*Agave americana.* Ne deriva un ambiente ricco di variazioni con diversi ritmi di fioritura al variare delle stagioni. L'inaccessibilità dell'uomo negli ambienti rupestri ha favorito la nidificazione di uccelli che esigono aree indisturbate come la *Monticola solitarius*, il *Corvo corax* ed il *Falco peregrinus.*

Parco Naturale Regionale di Montemarcello-Magra

Il Parco è nato nel 1995 dalla fusione Parco Fluviale della Magra, istituito nel 1982, con l'Area Protetta di Montemarcello, istituita nel 1985. Si distinguono nettamente quindi nel Parco due aree: quella fluviale e quella collinare. L'area fluviale comprende il tratto di fiume Magra che scorre in territorio ligure e risale lungo il fiume Vara, suo principale affluente, fino all'altezza di Ponte Santa Margherita. L'area protetta, seguendo i due fiumi, forma una fascia che, pur raggiungendo in alcuni punti 1000 m di larghezza, si presenta generalmente piuttosto stretta. Il Vara scorre in un territorio prevalentemente boscoso e si presenta ancora ben conservato; il tratto spezzino della Magra, dà origine invece ad una vasta piana intensamente coltivata e sfruttata. Il Vara e la Magra rappresentano un ambiente fluviale unico per la Liguria: ospitano un patrimonio faunistico particolarmente qualificato, perché qui si trova una delle più importanti vie migratorie per gran parte dell'avifauna legata agli ambienti acquatici. L'area collinare è rappresentata dalla porzione di Parco relativa al promontorio del Caprione che, da Arcola, si spinge verso il mare fino a Punta Bianca con forme aspre e rocciose. I due versanti opposti del promontorio del Caprione hanno caratteristiche ambientali differenti: la zona costiera si presenta rocciosa e frastagliata dove è osservabile la vegetazione a gariga, macchia mediterranea, lecceta e pinete a pino d'Aleppo; il versante sul fiume Magra degrada invece più dolcemente verso la pianura, rivestito da piante di pino marittimo e boschi di caducifoglie.

Descrizione dei luoghi:

AMEGLIA

Comune (I 4), Prov. di La Spezia, abitanti: 4.447, altezza s.l.m.: 89 m, CAP: 19031. **Informazioni:** Pro Loco Montemarcello, tel. 0187 600 324. **Stazione ferroviaria:** Sarzana (9 km).

Situato su un colle sovrastante la foce del Magra, Ameglia è un borgo medievale in una zona intensamente coltivata a vigneto e oliveto, su ampi terrazzamenti. Sulla sommità del colle sorge il castello che, assieme a un'urbanistica costituita da case alte e strette, caratterizza il paese facendolo rassomigliare ad altri antichi centri feudali presenti lungo la Riviera di Levante. Prove di un popolamento molto antico sono la necropoli preromana presso Cafaggio e la villa romana di Bocca di Magra, del I sec. d. C. La prima citazione del paese risale al 963 d. C. con il nome di Castrum de Luni, famiglia alla quale l'intero borgo appartenne. Nell'XI sec. fu fortificata e circondata di mura. Passò in seguito vari dominii. Nel 1176 vi fu costruita l'abbazia di Sant'Agostino, dove Dante Alighieri pare abbia incontrato il frate Ilario.

Curiosità del luogo e dintorni

Il **castello** medievale, del '400, con all'interno una torre a pianta circolare risalente a una fortificazione precedente. La **parrocchiale dei Santi Vincenzo e Anastasio,** anch'essa quattrocentesca ma rifatta più volte, conserva dell'impianto originale il portale del XVI sec. La **parrocchiale di Montemarcello** contiene al suo interno un trittico in marmo del XVI sec.

Passeggiate ed escursioni

A Cerri, per sentiero, ore 1.15. A Costa di Murlo, 30 min. Al Monte Caprione. Al Monte Branzi, 363 m, ore 1. Alla zona umida della foce del Magra.

AULLA

Comune (I 2), Prov. di Massa-Carrara, abitanti: 10.415, altezza s.l.m.: 64 m, CAP: 54011. **Informazioni:** Pro Loco di Aulla, tel. 0187 421 439. **Stazione ferroviaria:** Aulla.

All'incrocio di importanti strade e ferrovie, Aulla è oggi il maggiore centro commerciale del medio corso del Magra. Insediamento di fondazione medievale, venne completamente distrutto durante la seconda guerra mondiale.

Curiosità del luogo e dintorni

La cosiddetta **Brunella,** unica superstite della guerra, fortezza cinquecentesca attualmente visitabile su richiesta con il suo parco attorno alle mura.

Passeggiate ed escursioni

A Novegigola, per sent. 1 TL, ore 1.30. A Vecchietto, per sent. n. 12 TL, ore 1.15.

BONASSOLA

Comune (CD 2), Prov. di La Spezia, abitanti: 997, altezza s.l.m.: 6 m, CAP: 19011. **Informazioni:** Pro Loco di Bonassola, tel. 0187 813 500. **Stazione ferroviaria:** Bonassola.

Rinomata località balneare, Bonassola sorge al centro di un golfo chiuso da ripide colline coperte di pini e coltivazioni di ulivo. La sua fondazione fu posteriore a quella dei comuni circostanti e risale all'epoca tardo-romana. Nel 1132 fu ceduta dai Da Passano alla Repubblica di Genova, che operò sul borgo vari interventi di potenziamento militare, fra cui un castello del 1550. Nel XVI sec. fu fondata la "Cumpagnia di Bonasulla", società di mutuo soccorso, per riscattare i prigionieri catturati dai Saraceni nelle loro scorrerie sulla costa.

Curiosità del luogo e dintorni

Da vedere è sicuramente la **parrocchiale di S. Caterina,** con al suo interno un dipinto di G.B. Paggi. Suggestiva è pure la **chiesetta della Madonna della Punta,** situata su una scogliera a dominare il mare. Il **castello cinquecentesco** e due torri di avvistamento.

Passeggiate ed escursioni

A Punta Lèvanto, 30 min. A Lèvanto, ore 1.30. A Montaretto, ore 1.30. A Carpeneggio, 30 min.

BORGHETTO DI VARA

Comune (F 2), Prov. di La Spezia, abitanti: 1.052, altezza s.l.m.: 102 m, CAP: 19020. **Informazioni:** Municipio di Borghetto di Vara, tel. 0187 894 121. **Stazione ferroviaria:** La Spezia (21 km).

Abitato di fondovalle alla confluenza del Pogliaschino nel Vara, Borghetto vive di attività contadine in via di scomparsa. Nel territorio non vi sono industrie ma solo alcune ditte artigiane. La superficie del comune è coperta per l'80% da boschi di castagni e macchia mediterranea incontaminati. Fu fondato alla fine del XIII sec., come sede commerciale lungo la via Regia postale da La Spezia a Genova. Da sempre possedimento di Genova, ne condivise le sorti. Nel 1944 venne quasi interamente distrutto da un bombardamento.

Curiosità del luogo e dintorni

La **Fontana delle Streghe,** fessura nella roccia, in località Ressadora, dalla quale esce per sei mesi acqua e i restanti sei aria. La **chiesa di S. Nicolò di Ripalta** con all'interno un antichissimo fonte battesimale proveniente, secondo la tradizione, da un'altra chiesa oggi scomparsa. La **chiesa cimiteriale dell'Accikam** di età anteriore all'881. Il **Santuario di Nostra Signora di Roverano.** Le antichissime **chiese di S. Michele Arcangelo** a Cassana e di **S. Andrea a L'Ago,** forse longobarde.

Passeggiate ed escursioni

Nella Val Gravegnola, Al Monte Nero, 709 m, ore 2. Lungo il corso della Vara.

CASARZA LIGURE

Comune (AB 1), Prov. di Genova, abitanti: 5.433, altezza s.l.m.: 34 m, CAP: 16030. **Informazioni:** Municipio di Casarza Ligure, tel. 0185 467 919. **Stazione ferroviaria:** Sestri Levante (4 km).

Casarza Ligure è situato alla fine della Val Petronio; si snoda lungo la statale n. 563 ed è sede di varie attività agricole e industriali. Fa parte, con Castiglione Chiavarese, Moneglia e Sestri Levante, della Comunità Montana Val Petronio. Il progressivo ritirarsi delle acque marine, unito al successivo insabbiamento del greto del torrente Petronio fece sì che i primi insediamenti umani si trovassero sulle immediate alture. Defluita definitivamente l'acqua, nel III sec. d. C., gli abitanti scesero a valle, dando vita al nuovo nucleo Casarza. Le sue vicende storiche sono strettamente legate a quelle di Genova.

Curiosità del luogo e dintorni

La **parrocchiale barocca di S. Michele Arcangelo,** con all'interno un pregevole trittico, con i Ss. Giovanni Battista, Michele Arcangelo e Pietro, opera di Giovanni Barbagelata, firmato e datato 1498.

Passeggiate ed escursioni

A Libiola e Monte Domenico, ore 1-2. A Bargone e al Monte Aperto, 1093, e Alpe, 1093, ore 3.30-4.

CASTIGLIONE CHIAVARESE

Comune (C 1), Prov. di Genova, abitanti: 1.486, altezza s.l.m.: 400 m, CAP: 87040. **Informazioni:** Municipio di Castiglione Chiavarese, tel. 0185 408 016. **Stazione ferroviaria:** Sestri Levante (12 km).

È il comune comprendente l'alto bacino del torrente Petronio. Racchiuso da tre lati dai rilievi appenninici, è ricoperto per più di due terzi del suo territorio da vegetazione boschiva. Fa parte della Comunità Montana Val Petronio. Risulta che già nel 40 a. C. gli abitanti della frazione Velva godessero del pieno diritto di cittadinanza; nel 774 Carlo Magno nel suo Editto, citò Castellionem come caposaldo dell'alta Val Petronio. Nel XV sec. passò sotto il dominio della Repubblica di Genova.

Curiosità del luogo e dintorni

La **parrocchiale,** barocca, in posizione panoramica verso il massiccio del Bracco. I **ruderi della casa natale del navigatore Giovanni Caboto,** nato nel 1420.

Passeggiate ed escursioni

Al Monte Alpe, 1093 m, ore 3. A Bracco, 30 min.

CORNIGLIA

Frazione del Comune di Vernazza (EF 3), Prov. di La Spezia, abitanti: 466, altezza s.l.m.: 193 m, CAP: 19010. **Informazioni:** Municipio di Vernazza, tel. 0187 812 212. **Stazione ferroviaria:** Corniglia.

Ai margini di una conca intensamente coltivata a vigneti, Corniglia sorge su un promontorio roccioso a picco sul mare con una tipologia edilizia apparentemente non influenzata dalle mille trasformazioni moderne.

Curiosità del luogo e dintorni

Da vedere, la **parrocchiale di S. Pietro,** risalente al 1335, con facciata gotica in pietra locale, un portale ad arco ogivale e rosone in marmo bianco di Carrara finemente intagliato. I **resti delle fortificazioni genovesi,** inglobati nel cimitero. I ruderi di un castello del XVI sec.

Passeggiate ed escursioni

A Manarola, per Sentiero Azzurro (n. 2), 45 min. A Vernazza, dalla parte opposta, ore 2. A Cigoletta, per sent. n. 7a passando per le Case Pianca, oppure per sent. 7b per la Frana di Guvano, ore 2. A Volastra, per sent. n. 6d, ore 1.15.

Corniglia (Foto Discacciati).

DÉIVA MARINA

Comune (C 2), Prov. di La Spezia, abitanti: 1.495, altezza s.l.m.: 9 m, CAP: 19013. **Informazioni:** Ufficio Turistico Comunale di Déiva Marina, tel. 0187 815 858. **Stazione ferroviaria:** Déiva Marina.

Il comune di Déiva Marina si compone di due nuclei distinti: il borgo antico, situato a circa mezzo chilometro dalla costa, alla destra idrografica del torrente Déiva, e la parte moderna, distesa lungo la costa, dotata di una spiaggia ampia di ghiaia e sabbia e di un mare pulito che le sono valsi la segnalazione da parte della CEE fra le 37 migliori spiagge in Europa. Di origine medievale, sorse intorno al IX sec. come insediamento a controllo della strada costiera per Moneglia. Sotto il dominio genovese venne fortificata e dotata di torri. Subì numerosi saccheggi da parte dei Saraceni e fece parte in seguito delle Podesterie di Moneglia e Framura.

Curiosità del luogo e dintorni
Di fronte alla torre quadrata in pietra del XV sec. sorge la **chiesa parrocchiale di S. Antonio Abate,** costruzione del 1730, con decorazioni barocche e tele del XVIII e XIX sec. Sopra l'ingresso, un pregevole **organo meccanico Agati** del 1848. La **chiesa parrocchiale dell'Assunta,** un tempo dedicata a San Salvatore, è di origine longobarda.

Passeggiate ed escursioni

A Moneglia, ore 2. A Framura, ore 2.30. A Framura per la variante 1d «Valle del Morto» lungo le pendici settentrionali del Monte Serra, ore 2.30.

FRAMURA

Comune (C 2), Prov. di La Spezia, abitanti: 802, altezza s.l.m.: 0/754 m, CAP: 19014. **Informazioni:** Municipio di Framura, tel. 0187 810 020. **Stazione ferroviaria:** Framura (fraz. Anzo).

È il comune più piccolo della Riviera Spezzina in ordine al numero dei suoi abitanti. Il toponimo è distintivo, tipico di un agglomerato ligure, a nome collettivo, che riassume in un'unica entità demo-territoriale cinque frazioni nettamente distinte fra loro: Anzo, Ravecca, Setta, Costa e Castàgnola. Il suo territorio è un susseguirsi di colline e valli, coperte da una florida vegetazione mediterranea fra cui sorgono gli agglomerati urbani. Numerosi "sentieri azzurri" attraversano il territorio comunale. Framura è di origini romane. Nel Medioevo appartenne ai monaci dell'abbazia di S. Colombano di Bobbio. Passò quindi ai Da Passano, che lo cedettero nel 1144 alla Repubblica di Genova. Divenne Podesteria nel XIII sec. e fu tale fino all'anno 1680, quando si unificò alla Podesteria di Moneglia.

Curiosità del luogo e dintorni
Notevole la **chiesa parrocchiale di San Marino de Muris,** in frazione Costa, antica pieve citata in un documento del 1128, fu rimaneggiata a varie riprese tra il XV e il XVI sec. Contiene al suo interno un pregevole fonte battesimale in porfido rosso con vasca di immersione. Nella frazione Anzo, una **torre di guardia quadrata** del XV sec. e la **cappella romanica di Nostra Signora della Neve.** Nella frazione Castàgnola, interessante la **parrocchiale di San Lorenzo,** al cui in-

terno si custodisce la "Deposizione", uno dei capolavori di Luca Cambiaso. Adiacente alla parrocchia è situato il **Centro di Accoglienza Ambientale,** dove è possibile studiare ed ammirare le risorse mineralogiche, botaniche e faunistiche del territorio. Da non dimenticare sono i **resti di un villaggio medievale** sul Monte Sant'Agata.

Passeggiate ed escursioni

A Carpeneggio, ore 2. A Déiva Marina, ore 1.30. A Bonassola, ore 1.30.

LA SPEZIA

Comune capoluogo di provincia (GH 3), abitanti: 95.412, altezza s.l.m.: 3 m, CAP: 19100. **Informazioni:** Azienda di Promozione Turistica, tel. 0187 770 900. **Stazione ferroviaria:** La Spezia.

Situata nella parte più interna del golfo, La Spezia è la seconda città della Liguria. È centro industriale importante; la disposizione del suo tessuto urbano testimonia scelte urbanistiche relativamente recenti che ne hanno curato la crescita e lo sviluppo. Sebbene le strutture urbane di La Spezia abbiano avuto un sostanziale sviluppo praticamente nella prima metà dell'800 e la città abbia assunto notevole importanza dopo la costruzione dell'Arsenale Militare Marittimo, non bisogna tuttavia dimenticare che la zona dello Spezzino fu abitata fin dall'età della pietra (Isola Palmaria). Fu sicuramente lunga la permanenza dei Romani della zona.

I primi bastioni difensivi costruiti nel golfo risalgono alle metà dell'XI sec. e sono i castelli di Vesigna e Carpena, ma è solo dal XIII sec. che viene identificata La Spezia, centro abitato ancora dipendente da Vesigna, con il toponimo che poi, evolutosi assieme alla lingua, è rimasto fino a oggi.

Genova, sempre più potente nel Golfo con la famiglia dei Fieschi, caccia i Pisani nel 1256 e, pochi anni dopo, inizia la costruzione del Castello di S. Giorgio sotto la cui protezione rimane il piccolo borgo arroccato al poggio. I Doria, sempre acerrimi nemici dei Fieschi, distruggono La Spezia incendiandola (1273) e Carpena viene designata come podesteria con una convenzione tra la Repubblica di Genova e le «universitates hominum» (comunità) di Fabiano, Biassa, Foce, Pegazzano ecc. I Fieschi cedono tutto il territorio di La Spezia a Genova nel 1276. Subito dopo, a seguito della decisiva vittoria della flotta genovese sui Pisani alla Meloria, comincia il vero sviluppo della città. Viene costituita dal doge Simone Boccanegra nel 1343 la podesteria di La Spezia, con le sue comunità (Isola, Follo, Tivegna, Bastremoli ecc.), ma i sindaci delle due podesterie, desiderosi di unirsi nella sola giurisdizione di La Spezia, raggiungono tale obiettivo nel 1371 e, nello stesso anno, il doge Domenico Campofregoso permette la costruzione di mura che vanno «dal castello all'oratorio di S. Bernardino e passano quindi a monte della via Biassa, piegando poi lungo l'odierna via Colombo per seguire la marina a monte di via S. Carlo (via Sapri) e risalire al Castello presso S. Giovanni». A questo punto La Spezia diventa una città florida, instaurando nuovi rapporti economici con le regioni limitrofe e grazie al reddito apportato dalla «cabella salis albi». Ciò era dovuto soprattutto al fatto che il più importante mercato del sale, quello della Corsica, era ormai in mani genovesi. Tra la fine del '300 e tutto il '400 vi è una graduale espansione dell'insieme della Curia e del Castello, dove sorgono la chiesa e il convento di S. Agostino. Nel primo decennio del '600, dopo che la città è assurta al ruolo di Capitanato, una modifica sostanziale viene apportata al Castello di S. Giorgio, quando si aggiunge una nuova struttura a pianta quadrata e bastionata; si costruisce la Torre Scola e nuove mura che passano lungo l'odierna via Malta. Con il timore di un'invasione da parte degli eserciti austriaci, la Repubblica provvede, nel 1748, a potenziare le fortificazioni della città, ma dalle rappresentazioni planimetriche di allora, troviamo che i governatori non pensarono solo a opere difensive, bensì a favorire anche la migliore coltivazione dei terreni circostanti, imbrigliando vari corsi d'acqua, canalizzandoli e formando un impianto idrico eccellente. Anche nel periodo della dominazione francese vengono effettuati parecchi progetti importanti e rilievi del territorio; il Capitano Stefanini lascia un interessantissimo rilievo della città, documento storico della cartografia di La Spezia. Sotto i Francesi, divenuta Prefettura Marittima, La Spezia gode di innovazioni importanti: essi infatti decidono che nel punto più riparato dai venti del libeccio e dello scirocco, dovrebbe sorgere l'Arsenale Militare, pianificano e realizzano la strada tra La Spezia e Portovenere, i lavori della quale si concluderanno nel 1812. L'annessione di tutta la Liguria al Regno di Sardegna, avvenuta con le decisioni del Congresso di Vienna nel 1815, sospende i progetti di grande sviluppo della città e i piani militari sono temporaneamente accantonati. La Spezia, col titolo di Sotto Prefettura, si espande lentamente fino al mare, oltrepassando la cerchia delle mura; la popolazione è in aumento: in soli quarant'anni l'incremento demografico porta il numero degli abitanti a ben 24.000 unità. Nel frattempo alcuni fatti sono degni di nota: la costruzione del Teatro Civico, avvenuta dal 1840 al 1846, la Marina Militare da Genova viene spostata a La Spezia dall'allora Ministro della Marina, Industria e Agricoltura Camillo Benso di Cavour; la Famiglia Reale sceglie la città quale luogo delle sue vacanze balneari; Cavour decide l'installazione di un Arsenale tra La Spezia e la località di San Vito. Un nuovo piano regolatore del 1862 espande l'insieme urbano su due assi viari. L'asse principale, quello verso nord-ovest, prevede l'allungamento di Corso Cavour e di via del Prione, quello verso est consisterà nella futura via Domenico Chiodo.

Curiosità del luogo e dintorni

La **nuova cerchia di mura,** che hanno sostituito e potenziato le antiche mura trecentesche costruite dai Genovesi. Fu progettata da Domenico Chiodo nello scorso secolo e costituisce oggi un interessante esempio di architettura militare ottocentesca. La **chiesa di S. Maria Assunta,** che è stata cattedrale fino al 1975, risale al 1271 e ricostruita nel XV sec. all'interno della cinta muraria del 1443. Si deve la sua attuale struttura a vari interventi operati in quest'ultimo secolo, prima e dopo le guerre. All'interno, pregevoli tele e sculture. Il **castello di S. Giorgio,** eretto intorno alla metà del XIII sec. da Nicolò Fieschi, fu oggetto della contesa fra i Fieschi e i Doria. Subì diverse distruzioni e fu ricostruito a più riprese nel '300 e nel '600, subendo un recente restauro a partire dal 1970. **L'Arsenale Militare Marittimo,** progettato anch'esso da Domenico Chiodo nel 1860 su commissione del Cavour. Venne inizialmente dotato di due darsene, di vari bacini, di scali, di numerosi fabbricati, di una rete stradale e ferrovia interna, di caserme e di un ospedale. Sempre su progetto del Chiodo venne avviato in seguito un nuovo Piano di Ingrandimento. Presso la Porta Principale dell'Arsenale, l'entrata del **Museo Navale della Marina Militare.** Sorto nel 1870 a seguito del trasferimento alla Spezia del Museo Navale di Genova e successivamente arricchito con modelli di navi, da quelle più antiche (barche egizie e romane) a quelle più recenti. Importante è la bella collezione di polene, alcune di elevata qualità artistica. La sezione archeologica del **Museo Civico** contiene pezzi originali dell'epoca del Bronzo e del Ferro, le famose Statue Stele, urne cinerarie, statue dell'antichità romana. Per un panorama completo delle antichità interessante è la visita alla **villa romana del Varignano** che costituisce una testimonianza del fiorire della presenza romana nel Golfo. Numerose **vie e piazze cittadine** di recente costruzione, che obbediscono ai piani regolatori dei secoli XIX e XX e sono notevole esempio di pianificazione urbanistica.

Passeggiate ed escursioni

Alla chiesa della Madonna dell'Olmo, 284 m, ore 1. Alla chiesa della Madonna dell'Acqua, 174 m, 45 min. Al Monte Arsa, 207 m, 30 min. A Biassa, 316 m, su sent. n. 4, ore 1. Al Monte S. Croce, 541 m, ore 1.30.

LERICI

Comune (H 3-4), Prov. di La Spezia, abitanti: 11.284, altezza s.l.m.: 10 m, CAP: 19032. **Informazioni:** Azienda di Promozione Turistica di Lerici, tel. 0187 967 346. **Stazione ferroviaria:** Sarzana (8 km), collegamento autobus con La Spezia.

Lerici è una frequentata stazione balneare che sorge all'estremità meridionale della pittoresca insenatura a cui dà il nome. Le principali attività che vi si svolgono sono la pesca e il turismo. Lo sviluppo di quest'ultimo ha portato all'espansione dell'abitato sulle colline che lo racchiudono. Già Tolomeo citava un «Portus Erici» e nel 1152 un documento di cessione di «Mons Ilicis» dai Signori di Arcola e Vezzano a Genova è indice dell'importante funzione strategica svolta da Lerici in passato. Fu la sede, nel 1196, di un incontro delle Repubbliche Marinare di Genova e Pisa. Appartenne fino al 1256 ai Pisani, che la fortificarono e la dotarono di un grande castello. Passò quindi ai Genovesi, a cui seguirono numerose dominazioni, finché nell'anno 1814 il borgo venne annesso al Regno di Sardegna.

Curiosità del luogo e dintorni

Il **castello medievale,** costruito dai Pisani nella prima metà del XIII sec., posto in posizione elevata a dominare il paese. Venne in seguito ampliato dai Genovesi, che vi aggiunsero i robusti bastioni. All'interno trovasi la **cappella di S. Anastasia** (1250), a una navata di due campate con volte a crociera e il **Museo Geopaleontologico.** Dagli spalti, stupendo panorama del Golfo di La Spezia. L'**oratorio di S. Rocco,** di origine quattrocentesca, ampliato nel XVI-XVII sec. La **parrocchiale di S. Francesco,** in stile barocco, costruita tra il 1632 e il 1636, dopo la demolizione di una chiesa anteriore, di cui è rimasta solo una colonna marmorea all'inizio del sagrato. Nella frazione S. Terenzo, **castello** tardomedievale, del XV-XVI sec.

Passeggiate ed escursioni

Da fraz. Fiascherino, sentiero per Costa di Murlo, ore 1.

LÈVANTO

Comune (D 2), Prov. di La Spezia, abitanti: 5.788, altezza s.l.m.: 3 m, CAP: 19015. **Informazioni:** Azienda Speciale di Lèvanto, tel. 0187 807 175. **Stazione ferroviaria:** Lèvanto.

Il famoso centro balneare di Lèvanto sorge in una piccola pianura alluvionale ed è attorniato da un anfiteatro naturale di colline disposte a ventaglio. Le sue origini, benché non confortate da citazioni o documenti, sono presumibilmente preromane a giudicare dai ritrovamenti di manufatti risalenti all'età del ferro. Nel Medioevo fu feudo dei Malaspina, poi dei Da Passano, per passare, come molti altri borghi finitimi, sotto il governo della Repubblica di Genova nel 1211. Nel 1229 ottiene di conservare i propri statuti e autonomia amministrativa. Fu teatro di scontri tra guelfi e ghibellini. Nel 1637 fu eretta in Capitanato, con giurisdizione sulle Podesterie della zona. All'inizio del XIX sec., in periodo napoleonico, ebbe il titolo di città.

Curiosità del luogo e dintorni

La **chiesa parrocchiale di S. Andrea,** costruita nel 1226 e ampliata nel XV sec. è un notevole esempio di gotico ligure con una facciata a fasce alternate di marmo bianco e serpentino verde scuro locale. Il portale ogivale, con affresco datato 1400 nella lunetta, è sormontato da un elegante rosone e ai lati due pregevoli bifore. Sulla sommità di una collina, venne edificato nel XII sec. dai Malaspina il castello, poi più volte restaurato nel 1439, 1608 e 1740 fino all'ultimo rimaneggiamento per renderlo, ora, abitazione privata. La **chiesa francescana dell'Annunziata,** fondata nel 1449 e ricostruita nel 1615 dopo il crollo di una navata. Interessante anche la **Casa Restani,** con chiari elementi gotici e la Loggia comunale del '200.

Passeggiate ed escursioni

Al Monte Bardellone, per sent. n. 19, toccando la frazione di Colletto, la Foce di Lavaggiorosso, quella di Dosso e quella di Montale, ore 4. Alla Colla di Gritta, per sent. n. 12, 45 min. Alla foce di Lavaggiorosso, per sent. n. 28, toccando i paesi di Lizza e Lavaggiorosso, ore 2. A Monterosso, lungo il Sentiero Rosso (n. 1) fino a Punta Mesco, dove si prosegue su sent. n. 10, ore 2.30. Al Monte Vè, per sent. n. 14, ore 1.30; possibili varianti sono i sentieri n. 15 (dalla frazione le Rocche) e n. 16 (deviazione del Sentiero Rosso presso il Monte Vè, ore 1.30-2.

MANAROLA

Frazione del Comune di Riomaggiore (F 3), Prov. di La Spezia, abitanti: 659, altezza s.l.m.: 20 m, CAP: 19010. **Informazioni:** Municipio di Riomaggiore, tel. 0187 920 633. **Stazione ferroviaria:** Manarola.

L'abitato si snoda lungo il corso del torrente Volastra, partendo da uno sperone roccioso e scendendo fino al litorale. È formato da stretti vicoli lastricati e ripide scalinate che accompagnano le acque del torrente fino alla foce. Fondato alla fine del XII sec., passò sotto il dominio di Genova nel 1276.

Curiosità del luogo e dintorni

In posizione elevata sull'abitato, la **parrocchiale della Natività della Vergine,** che presenta una facciata in stile gotico con pregevole portale e un artistico rosone; il campanile è isolato, secondo la maniera toscana.

Passeggiate ed escursioni

A Riomaggiore, lungo la famosissima Via dell'Amore (su sent. n. 2), 30 min. Dalla parte opposta, a Corniglia, lungo il Sentiero Azzurro (n. 2), 45 min. Al Monte Marvede, 689 m, per sent. n. 6, ore 1.30. A S. Benedetto, per sent. n. 02, ore 4. Al Monte Capri, 785 m, per sent. n. 6 fino alla fraz. Bovera, dove si imbocca il sent. n. 6a, ore 1.30.

La famosissima Via dell'Amore, tra Manarola e Riomaggiore (Foto A. Casagrande).

MONEGLIA

Comune (B 1-2), Prov. di Genova, abitanti: 2.693, altezza s.l.m.: 4 m, CAP: 16030. **Informazioni:** Pro Loco Moneglia, tel. 0185 490 576. **Stazione ferroviaria:** Moneglia.

Tra Punta Moneglia e Punta Rospo, in una stupenda e rinomata insenatura, si trova Moneglia, antico paese di pescatori e agricoltori che il turismo moderno ha reso una méta ambita, così come le pregiate qualità ambientali le hanno fatto meritare un riconoscimento

CEE che la promuove fra le migliori spiagge italiane, riconoscimento suggellato dall'assegnazione della bandiera blu e condiviso dai moltissimi turisti che scelgono Moneglia per le loro vacanze balneari. Fa parte della Comunità Montana Val Petronio. Centro di origine romana, Moneglia godeva già al tempo di Cesare Augusto (14 d.C.) di una certa rinomanza, trovandosi menzionata in vari documenti antichi, fra cui la Tabula Peutingeriana (la più antica carta stradale pervenutaci). Nei secoli subì diverse dominazioni, seguendo le sorti di Genova, di cui fu sempre fedele alleata.

Panorama di Moneglia e la sua costa.

Curiosità del luogo e dintorni

Risalente al 1130 è la **chiesa parrocchiale di S. Croce.** Subì numerose modificazioni nel 1390 con la costruzione del coro e fu infine rifatta parzialmente nel 1726. Ben più interessante è il **Castello di Monleone,** del 1173, i cui ruderi e le mura di cinta sono ancora oggi visibili attorno al castello eretto all'inizio di questo secolo e situato sul perimetro del castello precedente. Sulla parte orientale del borgo, la **Torre** (risalente al 1100 circa) e il **castello di Villafranca,** distrutto a causa degli ultimi eventi bellici. Pregevoli il parco annesso, oggi restaurato, e la Torre, attualmente sede del Centro Studi Felice Romani. Molto interessante anche la **chiesa di S. Giorgio,** con l'annesso chiostro francescano del XV sec., contenente opere di autori significativi, fra cui un'attribuzione, dubbia, a Peter Paul Rubens, un polittico trecentesco di Giovanni da Pisa, un polittico degli inizi del '500 del Barbagelata e l'"Adorazione dei Magi" di Luca Cambiaso. Il Monumento storico più importante di Moneglia è senza dubbio l'**Oratorio dei Disciplinanti,** risalente al secolo X, al cui interno sono visibili quattro stratificazioni di affreschi, dal 1200 al 1700. Nelle frazioni, sono notevoli l'antica **chiesa di S. Lorenzo,** risalente al XIII sec., la **parrocchiale di Santa Maria Assunta** di Lemeglio, nel cui interno si custodisce una tela del Procaccini.

Passeggiate ed escursioni

A Bracco, lungo tutto il crinale est «Levante» fino a Lemeglio e di lì a Bracco, ore 6. A Litorno, 30 min. A Comeglio, 30 min. A Casale, 20 min. A Crova, per antico sentiero a tratti sostituito da una strada bianca, ore 1. Alla chiesa di S. Lorenzo, per sent. tra uliveti, 30 min.

MONTEROSSO AL MARE

Comune (DE 3), Prov. di La Spezia, abitanti: 1.643, altezza s.l.m.: 6 m, CAP: 19016. **Informazioni:** Associazione Turistica Pro Loco, Monterosso al Mare, tel. 0187 817 506. **Stazione ferroviaria:** Monterosso al Mare.

Il paese sorge all'estremità occidentale del territorio delle Cinque Terre, in una conca protetta a nord da colline coltivate a vigneto su

La spiaggia di Monterosso al Mare (Foto Discacciati).

numerosi terrazzamenti, assieme a olivi e limoni. È costituito da due nuclei abitativi: Fegina e Monterosso, quest'ultimo più antico, mentre il primo mostra chiaramente la sua origine recente e il suo carattere turistico-residenziale. Il paese fu edificato ad opera degli abitanti di Albareto, ma venne poi distrutto dal re longobardo Rotari. La prima menzione del toponimo risale al 1056. Fu feudo degli Obertenghi e dei Da Passano. Nell'XI sec. passò ai Fieschi. Dal XVI sec. appartenne ai Doria e condivise da allora la storia della Repubblica di Genova.

Curiosità del luogo e dintorni

La **parrocchiale di S. Giovanni Battista,** edificata fra il '200 e il '300 e poi ristrutturata in periodo barocco. **L'oratorio di S. Maria di Porto Salvo,** già della Morte e Orazione, edificio barocco con facciata del 1922. La medievale **Torre Aurora** che divide il borgo antico dalla parte nuova (Fegina). Sulle alture dietro al paese, il **Santuario della Madonna di Soviore,** di origini altomedievali e ristrutturato più volte, e l'**eremo di Santa Maria Maddalena,** poco distante dal Santuario.

Passeggiate ed escursioni

A Punta Mesco, per sent. n. 10, ore 1. Al Santuario della Madonna di Soviore, per sent. n. 9, ore 1.30. A Vernazza, per Sentiero Azzurro (n. 2), ore 2. A Lèvanto, inizialmente per sent. n. 10 e proseguendo per Sentiero Rosso (n. 1), ore 2.30.

PORTOVENERE

Comune (G 4), Prov. di La Spezia, abitanti: 4.557, altezza s.l.m.: 8 m, CAP: 19025. **Informazioni:** Associazione Turistica Pro Loco Portovenere, tel. 0187 790 691; Assessorato al Turismo del Comune, tel. 0187 794 890. **Stazione ferroviaria:** La Spezia (13 km).

L'antico abitato di Portovenere è situato in posizione strategica favorevole, grazie alla quale poteva difendere efficacemente il golfo di La Spezia. È oggi un frequentato centro turistico di fronte al quale, a breve distanza, si trovano le isole della Palmaria, del Tino e del Tinetto. Portovenere è stato inserito nella lista del Patrimonio Mondiale UNESCO. È probabile l'origine romana del borgo, che si identifica con il «Portus Veneris» dell'«Itinerarium Maritimum Imperatori Antoni Augusti» del 161 d. C., sebbene già in precedenza fosse stato citato come «Veneris Portus» dallo storico Strabone nel 50 a. C. e come «Portus Veneris» da Tolomeo, per indicare tutto il Golfo di La Spezia. Rotari, re dei Longobardi, lo conquistò nel 643 d. C.. Dopo essere stato soggetto alle incursioni saracene, fu compreso nella Marca Obertenga nel X sec. passando nel secolo successivo ai Signori di Vezzano e poi alla Repubblica di Genova. Le opere di fortificazione dei Genovesi culminarono nell'edificazione di un imponente castello. Nel 1336, dopo un secolo di continue devastazioni, divenne dominio dei Francesi e in seguito, nel 1494, dopo aver ottenuto di potersi dare propri statuti, sconfisse la flotta del re di Napoli, Alfonso d'Aragona. Divenne poi dominio degli Austro-Russi e dei Francesi nel 1779. Con il Congresso di Vienna fu assegnato al Regno di Sardegna, sotto il quale rimase fino all'Unità d'Italia.

Curiosità del luogo e dintorni

La **chiesa di S. Pietro,** che sorge su uno sperone roccioso, sui resti di un antico tempio romano dedicato a Venere. Presenta tratti paleocristiani (IV-V sec.), protoromanici e romanici, oltre a un presbiterio gotico. La **chiesa di S. Lorenzo,** costruita nel 1116, ma più volte modificata fino al XVI sec. La facciata è a fasce bianche e nere con un elegante portale a tutto sesto. Il **Castello** fortificato, edificato nel 1161 e completato solo nel XVI sec. La cosiddetta **«Casa dei Doria»,** di origine medievale, antecedente al dominio genovese.

Passeggiate ed escursioni

A Campiglia, per Sentiero Rosso (n. 1), ore 2.30. Alla Casa Derbi, inizialmente per Sentiero Rosso e quindi deviazione verso nord su sent. n. 13a, 30 min. A Biassa, dopo aver raggiunto Campiglia, imboccare sent. n. 4a fino al paese, ore 2.30. Escursione circolare sull'Isola Palmaria dal Terrizzo si percorre il lato orientale dell'Isola fino alla Punta della Mariella e Capo dell'Isola, di lì si sale al Forte Cavour. La discesa conduce alla punta nord occidentale dell'isola e quindi al Terrizzo. Dal 1994 è attivo sull'isola il C.E.A., Centro di Educazione Ambientale, gestito direttamente dal comune di Portovenere, che offre la possibilità di soggiorni per progetti finalizzati allo studio dell'ecosistema.

RICCÒ DEL GOLFO DI SPEZIA

Comune (F 2-3), Prov. di La Spezia, abitanti: 3.369, altezza s.l.m.: 148 m, CAP: 19020. **Informazioni:** Municipio di Riccò del Golfo di Spezia, tel. 0187 925 106. **Stazione ferroviaria:** La Spezia (9 km).

Comune dell'entroterra di La Spezia, divenne tale nel 1806 con l'unione di Ponzò, Carpena, S. Benedetto e Valdipino. Fu possedimento estense nel XI sec., dei Malaspina nel XII sec. e quindi dei Fieschi e di Genova dal 1274.

Curiosità del luogo e dintorni

I **resti del castello medievale di Ponzò,** con le mura e la cappella di San Bartolomeo con abside e fianchi protoromanici. La **parrocchiale di Santa Croce,** ricostruzione in stile barocco di una chiesa precedente.

RIOMAGGIORE

Comune (F 3), Prov. di La Spezia, abitanti: 1.881, altezza s.l.m.: 56 m, CAP: 19017. **Informazioni:** Municipio di Riomaggiore, tel. 0187 920 633. **Stazione ferroviaria:** Riomaggiore.

È il paese più orientale delle Cinque Terre; sorge in una stretta valletta del Rio Maior ed è facilmente raggiungibile grazie alla Statale n. 370. Questo vantaggio ha favorito lo sviluppo del turismo a scapito dell'antico carattere agricolo-marinaro del borgo. Fa parte del Comune, fra le altre, la frazione di Manarola (vedi ivi). Le sue origini risalgono, secondo la tradizione, all'VIII sec., allorché un gruppo di profughi greci sfuggiti alla persecuzione iconoclasta di Leone III l'Isaurico si insediò sulla costa ligure. I primi documenti storici che ne attestino l'esistenza datano al 1276 e trattano del passaggio del paese dalla proprietà dei Fieschi alla Repubblica di Genova.

Riomaggiore (Foto Discacciati).

Curiosità del luogo e dintorni

Nella parte alta del paese, la **parrocchiale di S. Giovanni Battista,** edificata nel 1340. Sul fianco una lapide ricorda la licenza del vescovo di Luni, Antonio Fieschi, per la sua costruzione. La facciata pericolante fu rifatta nel 1840 in stile neogotico. All'interno, tela di Domenico Fiasella e pregevoli tempere su legno. **L'oratorio dei Disciplinati,** del XVI sec., al cui interno trovasi una Madonna col Bambino fra i Ss. Giovanni e Domenico, trittico della seconda metà del '400. Sul colle di Cerricò, i **resti del Castello,** risalente al XV-XVI sec.

Passeggiate ed escursioni

Al Colle del Telegrafo, 516 m, e Monte Fraschi, 526 m, lungo il sentiero n. 3 per Biassa, oppure variante n. 3a, Strada dei Santuari, ore 1.30. A La Foce, 240 m, per sent. n. 01, incrociando a La Croce il Sentiero Rosso e raggiungendo poi le frazioni di Carpena e Castè. A Manarola, lungo la famosissima Via dell'Amore (sul sent. n. 2), 30 min. Alla spiaggia del Canneto, per carrozzabile fin nei pressi di Torre Guardiola e quindi su sent. n. 3b, 30 min.

SANTO STEFANO DI MAGRA

Comune (HI 2-3), Prov. di La Spezia, abitanti: 8.216, altezza s.l.m.: 58 m, CAP: 19037. **Informazioni:** Municipio di Santo Stefano di Magra, tel. 0187 697 111. **Stazione ferroviaria:** Riomaggiore.

Comune della Valle del Magra, in posizione elevata sopra la confluenza del Magra con il Vara. Conserva ancora i caratteri esteriori del borgo medievale, pur con le numerose alterazioni. Fu borgo fortificato dei vescovi-conti di Luni nel 1185, per poi passare ai Malaspina e quindi a Castruccio Castracani nel 1321. Dopo alterne vicende passò alla Repubblica di Genova e, dopo il Congresso di Vienna, al ducato di Massa e Carrara.

Curiosità del luogo e dintorni

La **parrocchiale di Santo Stefano,** edificata sulle rovine di un'antica pieve, risale al '500 ma subì una ricostruzione con forme barocche nel XVIII sec. Una tela risalente al XIV sec. è custodita nel **santuario della Beata Vergine delle Grazie.**

Passeggiate ed escursioni

Ad Aulla, ore 1.15. A Ponzano, 30 min. A Sarzana, ore 1. Al Monte Grosso, 597 m, lungo l'Alta Via dei Monti Liguri, ore 2.

SARZANA

Comune (I 3), Prov. di La Spezia, abitanti: 20.055, altezza s.l.m.: 21 m, CAP: 19038. **Informazioni:** Municipio di Sarzana, tel. 0187 6141. **Stazione ferroviaria:** Sarzana.

Importante cittadina sul margine orientale della fertile piana del basso corso del Magra, è situata nel punto di innesto della strada della Cisa con la Via Aurelia. Tale posizione nodale la rese centro strategico e commerciale, come testimoniano le mura genovesi, la fortezza di

Castruccio Castracani a Sarzanello e la Cittadella medicea. Ancor oggi Sarzana riveste una grande importanza, non solo come crocevia ma anche per le fiorenti attività agricole culminanti nel mercato ortofrutticolo, fra i più importanti della regione. L'antica origine è testimoniata dal ritrovamento di una statua-stele risalente all'Età del Bronzo. Nel '300 il comune fu posto sotto la giurisdizione curiale di Luni e popolato con i profughi di quest'ultima. Nel 1318 Castruccio Castracani impose sul territorio la sua Signoria e fece costruire la fortezza di Sarzanello. Dopo alterne vicende, nel 1572 passò alla Repubblica di Genova, conservando comunque i propri statuti e il ruolo di capoluogo della Lunigiana.

Curiosità del luogo e dintorni

La **chiesa romanica di Sant'Andrea,** riedificata nel '500 sopra un edificio del '300 e aggiungendovi il campanile. L'interno è barocco e fu ampliato nel 1579. La **cattedrale di Santa Maria Assunta,** sorta sull'area dell'antica pieve di San Basilio tra il 1204 e il 1474. La Cittadella, fatta costruire da Lorenzo il Magnifico intorno al 1488 e ingrandita nel XVI sec. con altre mura difensive e torrioni. La **fortezza medievale di Sarzanello,** a nord di Sarzana, fatta costruire da Castruccio Castracani nella prima metà del XIV sec. Essa è posta su un colle a dominio del paese ed è dotata di mastii e torrioni cilindrici angolari.

Passeggiate ed escursioni

All'oasi naturalistica dei Bozi di Sandino. A Falcinello. A Fosdinovo, 45 min. Al Monte Carbolo, 657 m. ore 1.

SESTA GODANO

Comune (E 1), Prov. di La Spezia, abitanti: 1.592, altezza s.l.m.: 242 m, CAP: 19020. **Informazioni:** Municipio di Sesta Godano, tel. 0187 891 525. **Stazione ferroviaria:** La Spezia (32 km).

Sesta Godano è situata nel cuore dell'alta Valle del Vara, tra il fiume Vara e le boscose falde del Monte Gottero, fino al confine con le province di Massa e Parma. Comprende varie borgate tra cui Sesta, che è la sede comunale, e Godano, posto su un colle dominante la valle. Il tratto del Vara che attraversa il territorio comunale è noto per l'attività di kayak, canoa e rafting, che si praticano, grazie ad un clima particolarmente mite, da ottobre a fine giugno. Il torrente Gottero, con il suo orrido, è meta degli appassionati di torrentismo. A Sesta Godano si congiungevano le antiche strade da Pontremoli per unirsi ed andare in direzione di Carro e Carrodano. Nel secolo XV fu Podesteria della Repubblica di Genova e ne amministrava la giustizia.

Curiosità del luogo e dintorni

Interessanti sono la **parrocchiale di S. Maria Assunta,** rifacimento settecentesco di una pieve medievale, e il **ponte medievale** sul torrente Gottero. Sempre a Sesta, **tracce di un antico castello e fortificazioni.** A Rio, il **castello** (palazzo fortificato) appartenuto ai Fieschi. La frazione **Mangia** è interamente costruita con le pietre arrotondate del fiume. **Cornice**, costruita su un colle a strapiombo sul Vara, offre stupendi panorami su Alpi Apuane e piana lunigianese. A Groppo, **serie di rilievi antropomorfi su pietra arenaria.**

SESTRI LEVANTE

Comune (A 1), Prov. di Genova, abitanti: 19.548, altezza s.l.m.: 4 m, CAP: 16039. **Informazioni:** Azienda di Promozione Turistica di Sestri Levante, tel. 0185 457 011. **Stazione ferroviaria:** Sestri Levante.

La cittadina di Sestri Levante si situa all'estremità sud-orientale del Golfo del Tigullio, in una pianura alluvionale posta tra l'entroterra e il promontorio roccioso dell'Isola (quale era fino all'XI sec.). È una delle più rinomate località balneari del Tigullio ed è famosa soprattutto per le sue Baie, quella delle Favole, a ponente, e del Silenzio, a levante, che si aprono ai due lati di una penisola rocciosa. Vi soggiornarono poeti, come Byron e Shelley, e scrittori come H.C. Andersen, quest'ultimo ricordato ancora oggi dal celebre "Premio Andersen", nato nel 1975 come concorso di scrittori di favole e divenuto poi appuntamento letterario di grande prestigio. Particolarmente ricca di tradizioni è la frazione Riva Trigoso, dove venivano costruiti i famosi "leudi ri-

Sestri Levante (Foto A. Casagrande).

vani", imbarcazioni a vela utilizzate per il commercio del vino e del formaggio con la Sardegna. Fondata dai Liguri Tigulli, Sestri Levante si chiamò Segesta Tigulliorum in età romana e occupò sempre una posizione chiave all'origine delle strade dirette verso la Lunigiana e la Val di Vara e di lì nella valle del Taro. Nel Medioevo passò sotto il dominio dei Fieschi e in seguito della Repubblica di Genova (1134). Quest'ultima si occupò di fortificarne e potenziarne l'abitato edificando vari castelli lungo la costa.

Curiosità del luogo e dintorni

Nella centrale piazza Matteotti si può ammirare il **Palazzo Durazzo Pallavicini,** ora sede comunale. Eretto nella seconda metà del '600, custodisce nella Sala Consiliare, un'Adorazione dei Magi, opera di Francesco Bassano al secondo piano, raggiungibile salendo un'elegante scalinata interna. Nella medesima piazza si trova anche la **parrocchiale dedicata a S. Maria di Nazareth,** edificata nel primo decennio del '600. Con una ristrutturazione, nell'anno 1840, venne aggiunto un pronao di stile neoclassico. Salendo alla sommità dell'Isola, si giunge alla **chiesa romanica di S. Nicolò dell'Isola,** che fu parrocchia dal 1100 al 1600, allorché venne edificata S. Maria di Nazareth. L'edificio risale al 1151, ma subì varie trasformazioni nel XV e XVII sec. Con l'ultimo recente restauro è stata in parte recuperata la struttura originaria. Il **parco del Grand Hotel dei Castelli,** nelle vicinanze, ha al suo interno la Torre Marconi, in cui Guglielmo Marconi svolse i primi esperimenti con le onde cortissime. Il **Grand Hotel dei Castelli** sorge nel luogo dove fu edificato un castello ad opera dei Genovesi nel 1145. Sono ancora visibili tracce di esso sulla facciata dell'albergo, che nella costruzione ha utilizzato alcuni elementi architettonici di recupero. Interessanti sono pure la **chiesa di S. Pietro in Vincoli,** costruita intorno al 1640 e attualmente sede dell'oratorio di S. Caterina con il suo patrimonio storico-artistico superstite; e la **Pinacoteca Rizzi,** che custodisce pregiati dipinti e disegni di scuola italiana e fiamminga dal XVI al XVIII sec.

Passeggiate ed escursioni

A Tassani, attraversando Verici Superiore e il Monte Caddio, 392 m, ore 1. Al Monte Moneglia, 521 m, ore 1.30. A Punta Manara, ore 1.15.

VERNAZZA

Comune (E 3), Prov. di La Spezia, abitanti: 1.131, altezza s.l.m.: 4 m, CAP: 19018. **Informazioni:** Municipio di Vernazza, tel. 0187 812 212. **Stazione ferroviaria:** Vernazza.

Borgo di aspetto incantevole, con una disposizione abitativa in vicoli collegati da ripide scalinate (le «arpaie») e adornato da logge e porticati lavorati di grande pregio, che testimoniano di una ricchezza superiore ai borghi vicini. È disposto sulla costa, lungo il torrente Vernazzola che lo attraversa interamente. Fa parte del Comune, fra le altre, la frazione di Corniglia (vedi ivi). Fu fondato intorno all'XI sec. Le sue importanti attività marinare lo resero idoneo ad affiancare i Genovesi, che si erano impadroniti del paese, nelle lotte contro i Pisani. Ottenne dalla Repubblica ligure nel 1211 il permesso di eleggere autonomamente un proprio rappresentante al Parlamento ligure. Le sue vicende furono sempre legate alle alterne sorti di Genova.

Vernazza (Foto A. Casagrande).

Curiosità del luogo e dintorni

Interessante è la **piazza del porto,** su cui si affacciano tutti gli edifici più significativi del paese: la **chiesa parrocchiale di S. Margherita di Antiochia,** in stile gotico ligure, costruita intorno al 1318 in luogo di una precedente costruzione del Miele. È dominata da un pregevole campanile ottagonale alto quaranta metri e un recentissimo restauro l'ha in parte riportata all'aspetto originario.

Passeggiate ed escursioni

Alla Foce Drignana, per sent. n. 8, ore 1.30. A Termine, per sent. n. 8 e imboccando il sent. n. 8b a Madonna di Reggio, ore 2. A Madonna di Reggio, per sent. n. 7 fino a S. Bernardino, proseguendo poi per sent. n. 8a, ore 3. A Monterosso, per Sentiero Azzurro (n. 2) e imboccando la variante bassa (2a) prima di Monterosso, ore 2.

VEZZANO LIGURE

Comune (H 3), Prov. di La Spezia, abitanti: 7.447, altezza s.l.m.: 271 m, CAP: 19020. **Informazioni:** Municipio di Vezzano Ligure, tel. 0187 993 111. **Stazione ferroviaria:** Vezzano Ligure.

Vezzano Ligure sorge sulle due sommità di un colle che separa il golfo spezzino dalla bassa Valle di Magra, costituendo un'estremità dell'Appennino Ligure terminante a Punta Covo. Per questa sua conformazione si divide in Vezzano Superiore e Inferiore. È in posizione panoramica sulle Valli di Vara e di Magra, che confluiscono proprio ai piedi del colle di Vezzano. In base al toponimo, si può risalire a un'origine romana dell'abitato, forse un fundus prediale della gens Vectia o Vettia. Appartenne in epoca altomedievale alla famiglia obertenga dei Malaspina e poi dei vescovi-conti di Luni. Passata in seguito ('400) alla Repubblica di Genova, ne condivise sempre le sorti.

Curiosità del luogo e dintorni

Nel borgo inferiore, la **chiesa romanica di Santa Maria Assunta in Cielo,** del '300, a due navate, di cui la seconda è frutto di un ampliamento in forme gotiche. La **parrocchiale di S. Maria Assunta e S. Sebastiano,** edificata nel 1612 sopra una preesistente del XIII sec. Nel borgo superiore, la **parrocchiale dei Ss. Siro e Prospero,** terminata nel 1578, ma rifinita ulteriormente in seguito, fino alla sua incoronazione nel 1776. Molto caratteristici il sagrato acciottolato con rosoni policromi e grande rosa dei venti. Le **fortificazioni Bastia, Tria e la batteria del Buonviaggio,** strutture militari del secolo scorso, costruite a difesa del golfo.

Passeggiate ed escursioni

Alle frazioni di Bottagna, 15 min. Alla Madonna di Buonviaggio, 30 min. Al Piano di Valeriano, 30 min. Al Piano di Vezzano, 15 min. A Valeriano, 30 min.

Fax 0043 (0)512/265561-8

Titelbild Karte und Textheft/Foto di copertina
sulla cartina e del libretto: Riviera di Levante/
Manarola/Cinque Terre (Bildagentur Dr. Wagner)

Numero di edizione/Verlagsnummer 644/C1a
ISBN 3-85491-570-5

Die Ligurien Küste bei Manarola (Foto A. Casagrande). ▶

Die KOMPASS Wanderkarte 1:50.000, Blatt Nr. 644 „Cinque Terre" stellt den östlichen Teil Liguriens dar, welcher zur Provinz La Spezia gehört. Es ist eine größtenteils gebirgige Gegend, doch die Gipfel des ligurischen Apennins bleiben durchwegs unter der 2000-Meter-Grenze. Die Provinz La Spezia grenzt im Norden an die Provinz Piacenza der Emilia-Romagna, im Norden und im Osten an die toskanische Provinz Massa-Carrara, im Westen an die Provinz Genua (sie ist auf der vorliegenden Karte bis Sestri Levante dargestellt), während sie im Süden vom ligurischen Meer (Mittelmeer) berührt wird. Die ligurische Landschaft, eine überwiegend gebirgige und hügelige Gegend, ist außergewöhnlich abwechslungsreich. Je nach Höhenlage und Ausrichtung hat sie ein recht unterschiedliches Klima, auf das die verschiedenartigen Erscheinungsformen der Tier- und Pflanzenwelt zurückzuführen sind.
Im östlichen Teil treten jüngere Bodenformationen auf als im Westen. Tonschiefergestein und zutagestreichendes Kalkgestein haben hier zu sanfteren Profilen geführt, wie sie vor allem am Vorgebirge von Portovenere zu beobachten sind.
Die bedeutendsten und interessantesten Ortschaften dieses Gebietes sind La Spezia, Sestri Levante und Lerici, daneben aber auch Portovenere, Moneglia, Deiva Marina und Riomaggiore. Die Bevölkerung lebt wegen des schwer zugänglichen Hinterlandes überwiegend an der Küste, die auch von der Wirtschaft bevorzugt wird. Sehr charakteristisch für diese Gegend ist die arenaförmige Gestaltung der Gebirgskämme, die einzelne Küstenstriche abgrenzen und dieser Rivieralandschaft mit ihren steil abfallenden Felshängen ein sehr malerisches Aussehen verleihen. Doch auch im stark untergliederten Hinterland sind großartige, oft noch unberührte Landschaften mit reicher, interessanter Flora und Fauna anzutreffen.
Der Glanzpunkt dieses Gebietes sind aber die Cinque Terre mit ihrer steilen, zerklüfteten Felsküste und den malerischen Dörfern. Diese zusammengedrängten Ortschaften sind von zahllosen Hangterrassen umgeben, die landwirtschaftlich genutzt werden.
Ligurien weist, obwohl überwiegend nach Süden ausgerichtet, erhebliche klimatische Unterschiede auf, mit mildem Mittelmeerklima an der Küste und strengerem, regenreicherem Klima im Landesinneren. Eine große Rolle spielen dabei die Berge des ligurischen Apennins, die das Gebiet vor kalten Nordwinden schützen.
An der Küste fällt nur äußerst selten Schnee. Doch die jährliche Niederschlagsmenge nimmt von Westen nach Osten zu, und sie reicht von den 800 Millimetern in der Provinz Imperia zu den 1300 Millimetern in der Provinz La Spezia.
Ein klimatisches Merkmal der Cinque-Terre-Küste sind plötzliche Re-

genschauer und örtlich auftretende Nebel. Sie bilden sich an der Wasserscheide, wenn feuchte Luftströme an der Küste auf die Gebirgsbarriere treffen und sich beim Aufstieg abkühlen. Diese Nebel können auch bei sonnigem Wetter an der Küste entstehen, wenn warme Luftströmungen auf kältere aus dem Norden treffen.
Das am dichtesten besiedelte Gebiet Liguriens ist die Küste. An ihr entlang führt eine Autobahn, dank der sich die Verkehrsverbindungen in dieser sonst nicht bequem befahrbaren Region erheblich gebessert haben. Vor allem an der Küste bestehen oft keine guten Verbindungen, was für gewisse Gegenden - wie z.B. die Cinque Terre - von Nachteil, aber auch von Vorteil ist. Da chaotischer Verkehr und Umweltverschmutzung hier noch unbekannt sind, hat dieses herrliche Fremdenverkehrsgebiet großartige Landschaftsbilder, stille Dörfer und erholsame Spaziergänge und Wanderungen zu bieten. Andererseits hat das Fehlen bequemer Verkehrswege zu einer gewissen Isolierung geführt, die durch die geplante Staatsstraße Nr. 370 („Litoranea delle Cinque Terre") hätte beendet werden sollen. Sie sollte Sestri Levante mit La Spezia verbinden und dabei etwa 200-250 Meter über dem Meer durch die Hänge der Cinque Terre verlaufen, ist aber bis jetzt nur zwischen La Spezia und der Umgebung von Manarola fertiggestellt. Aufgrund der Proteste seitens der Einheimischen und der Umweltschützer sind die Bauarbeiten zuerst verlangsamt und schließlich eingestellt worden. Diese neue Straße hätte die Landschaft verschandelt und außerdem die Gefahr eines vermehrten Touristenzustroms mit sich gebracht - was für eine naturkundlich so interessante Gegend wie die Cinque Terre sicher mehr Nachteile als Vorteile bedeutet hätte.
Den Tragpfeiler der Wirtschaft stellt heute der Fremdenverkehr dar, während sich die Einheimischen in der Vergangenheit vor allem dem Fischfang und der Landwirtschaft gewidmet hatten. Die kleinen Küstenorte sind ganz auf das Meer ausgerichtet, waren durch ihre Lage hoch über dem Ufer zugleich aber auch vor feindlichen Angriffen und Überfällen geschützt. Viele dieser Dörfer gehen auf das Mittelalter zurück, aber die Ligurer gehören zu den Urvölkern der Menschheitsgeschichte. eine landschaftliche Charakteristik sind die vielen, von Trockenmauern abgestützten, kultivierten Hangterrassen, die auch vom hartnäckigen Fleiß der Einheimischen zeugen. Dank des günstigen Mittelmeerklimas können hier Trauben und Oliven gedeihen, und ein vorzügliches Weinbaugebiet sind die Cinque Terre. In den Tälern, an Berghängen und an der Küste werden Gemüse- und Obstgärten bewässert, und einen recht einträglichen Entragszweig stellt an der westlichen Riviera die Blumenzucht dar. Die Treibhäuser, in denen vor allem Rosen und Nelken gezogen werden, verleihen der dortigen Landschaft eine besondere Note.
Im ärmeren Hinterland beschränkt die Landwirtschaft sich auf die

sonnigen Hänge, wo man je nach Höhenlage Weinberge und Olivengärten antreffen kann, Obstfelder und Kastanienwälder. An den meist unbebauten Nordhängen greift die Vegetation spontan um sich und bildet eine hochinteressante Pflanzenwelt.
Den wirtschaftlichen Hauptpol der östlichen Riviera (Riviera di Levante) bildet die Provinzhauptstadt La Spezia, die zweitgrößte Stadt Liguriens. Das lebhafte Industriezentrum besitzt Schiffswerften, Maschinenfabriken, Hüttenwerke und Erdölraffinerien.

Geologie

Der Apennin verläuft über 1500 Kilometer von der Linie Sestri-Voltaggio nordwestlich von Genua bis nach Kalabrien im Süden Italiens. Das Gebiet der Cinque Terre und die Umgebung von La Spezia sind ein Teil dieses Gebirgszuges. Die reizvolle Landschaft mit den von mediterraner Flora bedeckten Hügelketten zeigt einen interessanten geologischen Aufbau.
Die Mehrzahl der Gesteine wurde im Mesozoikum (Trias, Jura, Kreide) abgelagert. Die großen Faltenstrukturen verlaufen in nordwestlich-südöstlicher Richtung. Wie in den heutigen Ozeanen, z.B. im Atlantik und im Pazifik, bestand der Untergrund aus vulkanischen Gesteinen, die sich entlang der mittelozeanischen Rücken gebildet hatten. Dort drangen Laven aus dem Erdinneren ein und erstarrten im Kontakt mit dem Meerwasser. Dieser basaltische Meeresboden wurde von kieseligen Sedimenten bedeckt, in geringerer Meerestiefe von kalkigen Ablagerungen. Im Zuge der Kollision von ozeanischer und kontinentaler Kruste entstanden bei der Gebirgsbildung im Vorfeld der aufsteigenden Gebirge Tiefseegräben von mehreren tausend Metern Tiefe. Am landnahen flachen Kontinentalschelf sammelten sich die Abtragungsprodukte des Hinterlandes, die von den Flüssen antransportiert wurden. Geringe Erschütterungen genügten, um selbst bei Neigungen von nur wenigen Graden gewaltige Trübeströme auszulösen, die sogenannten Turbidite. Diese Sand-Tongemische breiteten sich mit großer Geschwindigkeit am Meeresgrund fächerartig aus. Dabei kam es zu einer Trennung von feinem und gröberem Material. Da die Feinanteile länger in Schwebe blieben, lagerten sie sich im Außenbereich des Fächers ab. Die Schichtfolge eines Turbiditereignisses zeigt ebenfalls eine Abfolge von groben Sandsteinen unten, über feinkörnige Sandsteine bis zu Tonen im obersten Bereich der Sequenz. Tausende solcher Zyklen bauen die **Flyschserien** auf, die die Hauptgesteine des nördlichen Apennins bilden.
Durch die Gebirgsbildung wurden diese verschiedenen Ablagerungsbereiche gefaltet und übereinandergeschoben. So können je nach Ausbildung und Alter der Gesteine die verschiedenen Einheiten kartiert werden.

Wandert man die Küste entlang, so durchquert man diese streifenförmig angeordneten tektonischen Einheiten. Der nach dem Monte Gottero benannte **Gottero-Flysch** (Oberkreide-Paleozän) ist von Sestri Levante bis Moneglia und in der Bucht von La Spezia aufgeschlossen. Er gehört, ebenso wie der im Nordosten vorkommende **Calo-Flysch,** zur Einheit der Liguriden. Daran schließt ein breiter Streifen von Resten des ehemaligen vulkanischen Meeresbodens an, die Ophiolite der **Bracco-Einheit** (Jura). Die Laven des damaligen Ozeanbodens wurden zu Serpentin umgewandelt und durch die Gebirgsbildung emporgehoben. Diese massiven Felsen sind nur spärlich bewachsen und fallen in der Landschaft durch ihre schroffen Formen auf.
An der Steilküste bei Levanto findet man südlich der Ophiolite der Bracco-Einheit einen schmalen Streifen von Gottero-Flysch. Die für den Flysch typischen Wechsellagerungen von Sandsteinen, Mergeln und Tonschiefern können entlang der **„Via dell'amore"** bewundert werden, die Schichtbänke laufen an der steil abfallenden Küste wie aufgeschlagene Buchseiten ins Meer aus.
Gegen Osten folgen die Flyschgesteine der **toskanidischen Einheit.** Hauptvertreter dieser Serien ist der tertiäre **„Macigno",** der von Riomaggiore bis La Spezia und im Nordosten des Gebietes vorkommt. Südlich von La Spezia findet man kleine Vorkommen von Quarziten und roten Sandsteinen. Diese Reste älterer Gesteine entstanden an der Wende Perm-Trias.
Der Verlauf des **Fiume Vara** zeichnet in seinem Unterlauf ein langgestrecktes **Becken** zwischen den Gebirgsketten nach, das vom Abtragungsschutt der Umrahmung und den jüngsten Flußsedimenten gefüllt ist.
In der Umgebung von Aulla liegen Schollenreste des **Calo-Flysches** (Oberkreide - Eozän) auf dem Macigno der toskanidischen Einheit. Sie stammen aus einem anderen Ablagerungstrog und wurden durch die Gebirgsbildung auf die unterlagernden Serien geschoben.
Aus der Nähe betrachtet zeigen die Schichtflächen der Feinsandsteine im Flysch **Weide- und Fraßspuren** von wurmartigen Bewohnern des Meeresbodens. Charakteristische Spurenfossilien sind die Helmintholden (von griech. helmindes' Eingeweidewurm) aus der Kreidezeit. Die bandartigen, eng aneinander anschließenden bogenförmigen Rinnen zeichnen die Weidespuren dieser Würmer nach.
Die Wechsellagerungen der Flyschgesteine neigen häufig zu **Rutschungen,** die sich an so manchen Stellen z.B. entlang der Autobahn La Spezia-Parma bemerkbar machen. Dies führt häufig zu Problemen bei der Trassierung und Erhaltung der Straßen.
Entlang der Küste des tyrrhenischen Meeres nagt die Brandung an den Felsen und lagert die zu Strandkiesen, Sanden und Tonen zerriebenen Gesteine wieder im Meer ab. So schließt sich hier der Kreislauf der Sedimente.

Flora und Fauna

Auf einem Satellitenfoto auf tausend Kilometer Höhe wirkt Ligurien wie eine einziger, großer grüner Fleck. Und tatsächlich ist diese Region das “grünste” Land Italiens, mit dem besten Verhältnis zwischen Wiesen, Feldern, Wäldern und besiedelten Gebieten.

Das günstige Klima stellt in dieser vor kalten Nordwinden geschützten Gegend die ideale Voraussetzung für eine reiche, vielfältige Flora dar. Vom Meeresufer bis in etwa 800 Meter Höhe gedeiht die mittelländische Macchiavegetation, und hier sind Aleppokiefern, Schirmpinien, Agaven, Palmen und ein wenig überall Ölbäume anzutreffen. Oberhalb der 800-Meter-Grenze findet man Kastanien- und Strandkieferwälder, die in 1000-1500 Meter Höhe auf den Sonnenhängen von Kiefer-, Ahorn- und Eibenwäldern abgelöst werden, auf den Schattenhängen von Laubwäldern mit Buchen, Erlen und Schwarzbuchen. Sehr artenreich ist auch das Unterholz, wo vor allem der Haselnußstrauch vertreten ist. Auf den höchsten Gipfeln, die aber niemals über die 2000-Meter-Grenze hinausgehen, wachsen in über 1500 Meter Höhe Fichten und Lärchen sowie für diese Lagen typische Sträucher wie Alpenrosen und Zwergwacholder.

Aufgrund eines 1984 erlassenen Regionalgesetzes stehen in Ligurien seltene Pflanzenarten wie **Paeonia officinalis, Cyclamen hederifolium aiton, Saxifraga oppositifolia, Sempervivum tectorum, Primula marginata curtis und Ophyrus arachniformis** unter Naturschutz. Die letztgenannte Art, die schwarze Spinnenorchis, ist nur in Ligurien und an wenigen anderen italienischen Küstenstrichen auf trockenem, steinigem Boden anzutreffen.

Kastanien, eine der bekanntesten Früchte Liguriens (Foto A. Casagrande)

Reich wie die Flora ist auch die Fauna. In mehreren regionalen Natur- und Landschaftsschutzgebieten haben sich noch viele Tierarten erhalten, z.B. Fischotter, Wiesel, Hermeline, Gemsen, Schneehasen und seltene Wildkatzenarten, die in den Naturparks von Westligurien in recht großer Höhe leben. An der Küste sind dagegen mittelländische Tierarten wie die **Lacerta lepida,** der **Malpolon m. monspessolanus** und der Mauergecko zu finden, die in Italien selten sind. Sehr häufig treten in der Nähe der Wälder Wildschweine auf, während Damhirsche, Murmeltiere und Rehe nicht immer und überall zu finden sind.
Die reiche Vogelwelt weist Adler und Uhus auf, Falken, Mäusebussarde und Schleiereulen, und häufig sind Gartenrotschwänze, Auerhähne, Steinhühner und Spechte. Interessant auch die Insektenwelt: Im östlichen Ligurien leben zahlreiche Schmetterlinge und Käfer, von denen einige auch als Endemiten auftreten.

Geschichte

Zahlreiche Funde zeugen von der uralten Besiedlungsgeschichte Liguriens. In der Höhle von Vallonnet bei Mentone entdeckte Spuren lassen darauf schließen, daß der Mensch sich hier schon vor mehr als 900.000 Jahren aufgehalten hatte. Weitere altsteinzeitliche Zeugen sind an mehreren Orten anzutreffen, so in der Höhle der Balzi Rossi und in den Grotten von Toirano und Finale. Um 700 v. Chr. beschreibt der griechische Dichter Hesiod die Ligurer als ein rauhes, ungastliches Volk, das am Ende der Welt lebte. Doch gerade die Ligurer knüpften Handelsbeziehungen zu den Etruskern und den Italikern an. Aber wie auch heute gingen diese Initiativen schon damals überwiegend von den Küstenbewohnern aus. Die im abgelegenen Landesinneren lebende Bevölkerung verteidigte hartnäckig ihren Besitz und blieb im Laufe der Geschichte von den historischen Ereignissen und Abläufen am Meer fast immer unberührt.
Nachdem die Ligurer schon mit den Karthagern Handel getrieben hatten, wurde ihr Gebiet um das 3. Jh. v.Chr. von den Römern besetzt, die aber die einheimische Bevölkerung nicht unterdrückten, sondern die Identität des ligurischen Volkes achteten. Zu dieser Zeit wurden auch einige berühmte Römerstraßen angelegt: die „Iulia Augusta" von Vado in die Provence, die „Postumia" von Tortona nach Genua, die „Aemilia Scauri" von Tortona nach Vado. Auf die Römer folgten die Byzantiner, die die Bedeutung der ligurischen Häfen erkannten, später Langobarden und Franken. Bis um das Jahr 1000 wurde das ligurische Meer auch von sarazenischen Piraten heimgesucht, und aus Furcht vor diesen Seeräubern wurden die Dörfer in unzugängliche Küstenschluchten oder auf sichere Anhöhen verlegt.
Unter der Herrschaft von Berengar II. in der zweiten Hälfte des 10. Jh.

wurde das Gebiet der heutigen Region in drei Markgrafschaften aufgeteilt: die Marca Arduinica im Westen, die Marca Aleramica in der Mitte und die Marca Obertenga im Osten. Zur Zeit der Kreuzzüge und der Kriege gegen die Araber im 11./12. Jh. wurden die ligurischen Hafenstädte aufgerüstet und ausgebaut, was aber zu einer verstärkten Rivalität zwischen den einzelnen Küstenorten führte.
Das Geschick Liguriens fällt nun mit dem von Genua zusammen, dessen Ausdehnungsbestrebungen über einen langen Zeitraum hinweg die Geschichte bestimmten. Unter Andrea Doria (1466-1560) erlebte Genua eine Blütezeit, aber nach seinem Tod mußte die Stadt ihre Ambitionen mäßigen. Sie wurde 1648 von den Franzosen bombardiert, die sich eine Zeitlang in der Stadt niederließen, gefolgt von den Österreichern. Doch auch diese Herren wurden bei einem Volksaufstand verjagt, und zu napoleonischer Zeit kam es 1797 zur Gründung der "ligurischen Republik". 1805 wurde die Stadt Genua Frankreich angeschlossen, kam dann aber nach dem Wiener Kongreß an das Königreich Sardinien, bei dem es bis zum Anschluß an Italien blieb. Nach 1943 spielten ligurische Partisanen eine bedeutende Rolle bei den Widerstandskämpfen im nordwestlichen Italien.

Die Naturschutzgebiete

Von den siebziger Jahren an wurden in den italienischen Regionen Gesetze zum Schutz der "natürlichen Landschaften" erlassen, die sich durch besonders interessante Merkmale und seltene naturkundliche Erscheinungen auszeichnen. Die Region Ligurien hat alle Gebiete aufgezeichnet, die unter Naturschutz gestellt werden sollen. Sie hat sich dabei von der Überzeugung leiten lassen, daß ein intelligenter Naturschutz zur Besserung der Lebensbedingungen führt - was der wirtschaftliche und industrielle Fortschritt allein, ohne Berücksichtigung der Umweltbedürfnisse, niemals erreichen könnte.
Auf der vorliegenden Karte sind die geschützten Gebiete des Nationalparks Cinque Terre und des Regionalen Naturparks Montemarcello-Magna zu erkennen.

Naturpark Cinque Terre - Golf von La Spezia

Der Schutz des Raumes Cinque Terre und Levante ligure geht auf ein Regionalgesetz von 1985 zurück, mit dem die zwei Naturareale Punta Manara-Punta Mesco und Cinque Terre eingerichtet wurden. 1995 wurde der Regionale Naturpark Cinque Terre gegründet, der die zwei geschützten Areale umfasst; 1999 entstand schließlich der Nationalpark Cinque Terre. Die Parkzone weist eine Vielfalt an interessanten Naturräumen auf. Zum Landschaftsbild gehören das Küstengebiet, Ortschaften am Meer und auch Berge. Die Küste fällt steil zum Meer hin ab, wobei einander malerische, zum teil senkrechte Kliffe ab-

wechseln. Der Durchlässigkeit der Böden ist eine Vielzahl an Quellen zu verdanken, aus denen sich kurze, wildbachähnliche Wasserläufe entwickeln. Es war deshalb eine Regulierung erforderlich, die zur Aufstellung der charakteristischen Trockenmauern auf den Hängen führte. Der Park ist reich an Tier- und Pflanzenarten. Die Flora des Parks spiegelt die Vielfalt der Naturräume wider, die sich durch den Kontrast zwischen andersartigen geologischen Schichten und zwischen bebautem und naturbelassenem Land auszeichnen. Die Hälfte der Pflanzen ist mediterran und setzt sich aus zahlreichen Arten zusammen, die hier ihre nordöstliche Grenze erreichen. Die abwechslungsreiche

Baumvegetation weicht stark von der typischen oder potentiellen ab: 30% ergeben die Anbaupflanzen (Wein, Oliven und Gemüse), die deutlich vom Einfluss durch den Menschen zeugen; 20% sind Sträucher, die in Steineichenwälder übergehen; 30% fallen auf die künstlich angelegten Pinienhaine, der Rest besteht aus Wäldern, die sich aus Steineichen, Kastanien, Eichen und Buschwald zusammensetzen. Das Küstenhabitat wird durch Erdanhäufungen charakterisiert, auf denen die Euphorbia dendroides, der *Ramnus alaterno* und die *Agave americana* gedeihen. Es ergibt sich dadurch ein variantenreicher Raum mit verschiedenen Blütephasen je nach Jahreszeit. Die Unzugänglichkeit der Felszone für den Menschen fördert das Nisten von Vögeln, die ungestörte Zonen lieben, wie die *Monticola solitarius*, der *Corvo corax* und der *Falco peregrinus.*

Regionaler Naturpark Montemarcello-Magra

Der Park entstand 1995 durch die Vereinigung des 1982 gegründeten Auwaldes Magra mit dem geschützten Gebiet Montemarcello, das 1985 geschaffen worden war. Es unterscheiden sich demnach im Park deutlich zwei Zonen: das Au- und das Hügelgebiet. Die Auzone umfasst den Abschnitt des Magra, der auf ligurischem Boden fließt, und erstreckt sich längs des Vara - des wichtigsten Magra-Nebenflusses - bis auf die Höhe von Ponte Santa Margherita. Das sich längs der beiden Flüsse erstreckende geschützte Gebiet bildet einen Streifen, der zwar an einigen Stellen 1000 m breit, allgemein jedoch relativ schmal ist. Der Vara fließt in einem noch gut erhaltenen, vorwiegend waldreichen Gebiet; der Abschnitt des Magra hingegen bildet eine weite, intensiv bebaute und ausgebeutete Ebene. Der Vara und der Magra ergeben eine für Ligurien einzigartige Aulandschaft, die eine ganz spezielle Fauna aufweist: hier verläuft eine der wichtigsten Zuglinien einer Vielzahl an Wasservögeln. Der dem Hügelgebiet entsprechende Teil des Parks gehört zum Ausläufer des Caprione, der von Arcola zum Meer bis Punta Bianca vordringt und raue, felsige Abschnitte aufweist. Die beiden Seiten des Caprione-Sporns zeigen unterschiedliche landschaftliche Merkmale: Das Küstengebiet ist felsig und zerklüftet, seine Vegetation setzt sich aus Garrigue, mediterranem Buschwald, Steineichenwäldern und Aleppokiefer-Hainen zusammen; die Seite des Magra-Flusses fällt hingegen sanfter zur Ebene hin ab: hier gedeiht die Strandkiefer und blattwechselndes Holzgewächs.

Politische Übersichtsskizze 1:600000

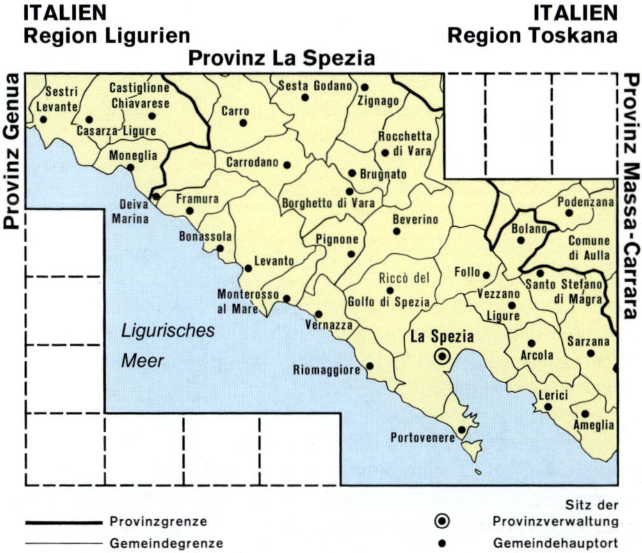

AMEGLIA

Gde. (I 4), Prov. La Spezia, Einw.: 4.447, Höhe: 89 m, Postltz: I-19031. **Auskunft:** Pro Loco Montemarcello, Tel. 0187 600 324. **Bahnstation:** Sarzana (9 km).

Ameglia liegt inmitten üppiger Wein- und Olivengärten auf einem Hügel oberhalb der Magra-Mündung. Das Ortsbild wird von der hochgelegenen Burg und hohen, schmalen Häusern geprägt, wie sie in mittelalterlichen Ortschaften an der östlichen Riviera häufig anzutreffen sind. Von sehr früher Besiedlung zeugen die vorrömische Nekropole bei Cafaggio und die römische Villa (1. Jh. n.Chr.) in Bocca di Magra. Der Ort wird 963 als „Castrum de Luni" erstmals urkundlich erwähnt und im 11. Jh. befestigt und mit einer Ringmauer versehen. Von den Herren von Luni kam er später an andere Herrscher. Im 1176 erbauten Kloster Sant'Agostino soll sich der italienische Dichter Dante Alighieri (1265-1321) aufgehalten haben.

Sehenswert im Ort und in der Umgebung
Die mittelalterliche **Burg** (15. Jh.), im Inneren ein runder Turm, der auf ältere Befestigungsanlagen zurückgeht. Die im 15. Jh. errichtete, aber mehrmals umgebaute **Pfarrkirche Santi Vincenzo e Anastasio** mit einem Portal des 16. Jh. Die **Pfarrkirche von Montemarcello** birgt im Inneren ein marmornes Triptychon des 16. Jh.

Spazierwege und Bergtouren
Nach Cerri, 1.15 Std. Nach Costa di Murlo, 30 Min. Auf den Monte Caprione. Auf den Monte Branzi, 363 m, 1 Std. Ins Feuchtbiotop in der Magra-Mündung.

AULLA

Gde. (I 2), Prov. Massa-Carrara, Einw.: 10.415, Höhe: 64 m, Postltz: I-54011. **Auskunft:** Pro Loco Aulla, Tel. 0187 421 439. **Bahnstation:** Aulla.

Das am Schnittpunkt bedeutender Straßen und Bahnlinien gelegene Städtchen Aulla ist heute das wichtigste Handelszentrum im mittleren Magra-Tal. Der aus dem Mittelalter stammende Ort wurde im zweiten Weltkrieg völlig zerstört.

Sehenswert im Ort und in der Umgebung
Die aus dem 16. Jh. stammende Festung **Brunella,** die als einziges Bauwerk die Zerstörungen des 2. Weltkriegs überstanden hat und von einem schönen Park umgeben ist; sie kann auf Anfrage besichtigt werden.

Spazierwege und Bergtouren
Nach Novegigola, auf Weg 1 TL, 1.30 Std. Nach Vecchietto, auf Weg 12 TL, 1.15 Std.

BONASSOLA

Gde. (CD 2), Prov. La Spezia, Einw.: 997, Höhe: 6 m, Postltz: I-19011. **Auskunft:** Pro Loco Bonassola, Tel. 0187 813 500. **Bahnstation:** Bonassola.

Das bekannte Seebad Bonassola liegt an einer Bucht, die von steilen, mit Kiefern und Olivenbäumen bewachsenen Hügeln umschlossen wird. Der Ort, der später gegründet wurde als die Nachbargemeinden, stammt aus spätrömischer Zeit. Im Jahr 1132 wurde er von den Da Passano an die Republik Genua abgetreten, die ihn befestigte und 1550 mit einer Burg versah. Im 16. Jh. wurde hier mit dem Ziel, Gefangene freizukaufen, die die Sarazenen auf ihren Streifzügen an der Küste gemacht hatten, die “Cumpagnia di Bonasulla” gegründet, eine Gesellschaft zu gegenseitiger Hilfeleistung.

Sehenswert im Ort und in der Umgebung
Die **Pfarrkirche S. Caterina,** mit einem Gemälde von G.B. Paggi im Inneren. Die kleine **Kirche Madonna della Punta** in stimmungsvoller Lage auf einer Klippe über dem Meer. Die Burg (16. Jh.) und zwei Wachttürme.

Spazierwege und Bergtouren
Zur Punta Lèvanto, 30 Min. Nach Lèvanto, 1.30 Std. Nach Carpeneggio, 30 Min. Nach Montaretto, 1.30 Std.

BORGHETTO DI VARA

Gde. (F 2), Prov. La Spezia, Einw.: 1.052, Höhe: 102 m, Postltz: I-19020. **Auskunft:** Municipio (Gemeindeamt) Borghetto di Vara, Tel. 0187 894 121. **Bahnstation:** La Spezia (21 km).

Der an der Einmündung des Pogliaschino in den Vara gelegene Ort Borghetto wird noch heute vom bäuerlichen Leben geprägt, das aber immer stärker zurückgeht. Der Ort besitzt keine Fabriken, dafür aber einige Handwerksbetriebe. 80 Prozent des Gemeindegebietes sind von Kastanienwäldern und von dichter Macchiavegetation bedeckt. Der Ort, der Ende des 13. Jh. als Handelsniederlassung an der Poststraße zwischen La Spezia und Genua gegründet wurde, befand sich immer unter genuesischer Herrschaft. Im Jahr 1944 wurde er durch Bombenangriffe fast völlig zerstört.

Sehenswert im Ort und in der Umgebung
Im Ortsteil Ressadora die **Fontana delle Streghe** („Hexenbrunnen"), ein Felsspalt, aus dem sechs Monate im Jahr Wasser quillt, während er zur übrigen Zeit Luft ausströmt. Die **Kirche S. Nicolò** in Ripalta besitzt im Inneren ein sehr altes Taufbecken, das aus einer früheren Kirche stammen dürfte. Die **Accikam-Friedhofskirche,** die vor 881 gegründet wurde. Die **Wallfahrtskirche Nostra Signora di Roverano.** Vielleicht langobardischen Ursprungs sind die Kirchen **S. Michele Arcangelo** in Cassana und **Sant'Andrea** in L'Ago.

Spazierwege und Bergtouren
Auf den Monte Nero, 709 m, durch die Val Gravegnola, 2 Std. Am Vara entlang.

CASARZA LIGURE

Gde. (AB 1), Prov. Genua, Einw.: 5.433, Höhe: 34 m, Postltz: I-16030. **Auskunft:** Municipio (Gemeindeamt) Casarza Ligure, Tel. 0185 467 919. **Bahnstation:** Sestri Levante (4 km).

Casarza Ligure, das sich in der unteren Val Petronio längs der Staatsstraße Nr. 563 hinzieht, ist ein Agrar- und Industriezentrum. Da der Talgrund des Petronio-Bachs lange Zeit hindurch versandet und schwer zugänglich war, ließen sich die ersten Siedler auf den umliegenden Anhöhen nieder. Erst als sich das Meer völlig zurückgezogen hatte, siedelten sich die Bewohner im 3. Jh. n. Chr. auch im Talgrund an, wo sie die neue Siedlung „Casarzam" gründeten. Der Ort hatte die gleiche Geschichte wie Genua.

Sehenswert im Ort und in der Umgebung

Die barocke **Pfarrkirche S. Michele Arcangelo** birgt im Inneren ein wertvolles, 1498 von Giovanni Barbagelata geschaffenes dreiteiliges Altarbild, auf dem Johannes der Täufer, der Erzengel Michael und der hl. Petrus dargestellt sind.

Spazierwege und Bergtouren

Nach Libiola und auf den Monte Domenico, 1-2 Std. Nach Bargone und auf den Monte Aperto, 1093 m, und den Monte Alpe, 1093 m, 3.30-4 Std.

CASTIGLIONE CHIAVARESE

Gde. (C 1), Prov. Genua, Einw.: 1.486, Höhe: 400 m, Postltz: I-87040. **Auskunft:** Municipio (Gemeindeamt) Castiglione Chiavarese, Tel. 0185 408 016. **Bahnstation:** Sestri Levante (12 km).

Diese Gemeinde, die den Oberlauf des Petronio-Bachs umfaßt, wird auf drei Seiten von Apenningipfeln umgeben, und mehr als zwei Drittel des Gemeindegebiets sind von Wäldern bedeckt. Die Bewohner des Ortsteils Velva genossen schon im Jahr 40 v.Chr. römisches Bürgerrecht, und in einem 774 von Karl dem Großen veröffentlichten Edikt wird „Castellionem" als wichtiger Stützpunkt in der oberen Val Petronio erwähnt. Im 15. Jh. kam der Ort unter genuesische Herrschaft.

Sehenswert im Ort und in der Umgebung

Die barocke **Pfarrkirche** bietet schöne Ausblicke auf das Bracco-Massiv. Die Ruine des **Geburtshauses von Giovanni Caboto,** einem 1420 geborenen Seefahrer.

Spazierwege und Bergtouren

Auf den Monte Alpe, 1093 m, 3 Std. Auf den Monte Rusparola, 868 m, 2 Std. Nach Bracco, 30 Min.

CORNIGLIA

Fraktion der Gde. Vernazza (EF 3), Prov. La Spezia, Einw.: 466, Höhe: 193 m, Postltz: I-19010. **Auskunft:** Municipio (Gemeindeamt) Vernazza, Tel. 0187 812 212. **Bahnstation:** Corniglia.

Corniglia liegt am Rand einer mit Weinbergen bebauten Talsenke auf einem steil zum Meer abfallenden Felsvorsprung. Das Ortsbild hat sich noch so unverfälscht erhalten, daß man sich in vergangene Zeiten zurückversetzt glaubt.

Sehenswert im Ort und in der Umgebung

Die **Pfarrkirche S. Pietro** (1335) mit gotischer Fassade, einem Spitzbogenportal und einer schön verzierten Rosette aus weißem Carrara-Marmor. Die in den Friedhof eingebauten **Reste der genuesischen Festungsanlage.** Die Ruine einer Burg des 16. Jh.

Spazierwege und Bergtouren

Nach Manarola, auf dem „Sentiero Azzurro" (Weg 2), 45 Min. Nach Vernazza, 2 Std. Nach Cigoletta, auf Weg 7a über die Case Pianca oder auf Weg 7b über den Bergsturz von Guvano, 2 Std. Nach Volastra, auf Weg 6d, 1.15 Std.

DÉIVA MARINA

Gde. (C 2), Prov. La Spezia, Einw.: 1.495, Höhe: 9 m, Postltz: I-19013. **Auskunft:** Ufficio Turistico Comunale Déiva Marina, Tel. 0187 815 858. **Bahnstation:** Déiva Marina.

Die Gemeinde Déiva Marina besteht aus zwei deutlich voneinander zu unterscheidenden Teilen: dem alten Ortskern, der sich etwa 500 Meter vom Meer entfernt am rechten Ufer des Déiva-Bachs aus-

Der Strand bei Déiva Marina (Foto A. Casagrande).

dehnt, und einem modernen Seebad direkt an der Küste, das über einen breiten Kies- und Sandstrand und ein sauberes Meer verfügt (aufgrund einer EG-Untersuchung gehört der Ort zu den 37 besten Seebädern Europas). Déiva war im 9. Jh. zur Kontrolle der Küstenstraße gegründet worden, die von hier nach Moneglia verlief. Unter genuesischer Herrschaft wurde der Ort befestigt und mit Wachttürmen versehen, wurde aber dennoch mehrmals von Sarazenen überfallen und geplündert.

Sehenswert im Ort und in der Umgebung

Einem quadratischen Turm aus dem 15. Jh. gegenüber erhebt sich die **Pfarrkirche S. Antonio Abate** (1730) mit barocken Dekorationen und Gemälden des 18. und 19. Jh. Innen über dem Eingangsportal eine wertvolle **Agati-Orgel** aus dem Jahr 1848. Die **Assunta-Pfarrkirche,** die früher dem Erlöser geweiht war, ist langobardischen Ursprungs.

Spazierwege und Bergtouren

Nach Moneglia, 2 Std. Nach Framura, 2.30 Std. Nach Framura auf der Variante 1d «Valle del Morto» über die Nordhänge des Monte Serra, 2.30 Std.

FRAMURA

Gde. (C 2), Prov. La Spezia, Einw.: 802, Höhe: 0/754 m, Postltz: I-19014. **Auskunft:** Municipio (Gemeindeamt) Framura, Tel. 0187 810 020. **Bahnstation:** Framura (Frakt. Anzo).

Framura ist der Einwohnerzahl nach die kleinste Gemeinde an der Riviera von La Spezia. Es handelt sich um eine Streusiedlung mit den fünf Fraktionen Anzo, Ravecca, Setta, Costa und Castàgnola. Diese kleinen Dörfer sind zwischen Hügel und Täler mit üppiger Mittelmeerflora eingebettet. Durch das Gemeindegebiet führen mehrere markierte Wanderwege. Framura, das römischen Ursprungs ist, gehörte im Mittelalter dem Kloster S. Colombano in Bobbio und anschließend den Da Passano, die es 1144 an die Republik Genua abtraten. Vom 13. Jh. bis 1680, als es Moneglia angeschlossen wurde, war es Sitz eines eigenen Stadtvogts.

Sehenswert im Ort und in der Umgebung

Bemerkenswert die **Pfarrkirche San Martino de Muris** im Ortsteil Costa. Die 1128 urkundlich erwähnte Kirche wurde im 15./16. Jh. mehrmals umgebaut. Im Inneren ein wertvolles Taufbecken aus rotem Porphyr mit Immersionsbecken. Im Ortsteil Anzo ein **quadratischer Wachtturm** des 15. Jh. und die romanische **Kapelle Nostra**

Signora della Neve. Im Ortsteil Castagnola die **Pfarrkirche San Lorenzo** mit der “Grabniederlegung”, einem der Meisterwerke von Luca Cambiaso. Anschließend an die Pfarrei das **Centro di Accoglienza Ambientale,** das einen Überblick über Mineralien, Flora und Fauna der Gegend bietet.

Spazierwege und Bergtouren
Nach Carpeneggio, 2 Std. Nach Déiva Marina, 1.30 Std. Nach Bonassola, 1.30 Std.

LA SPEZIA

Gde., Provinzhauptstadt (GH 3), Einw.: 95.412, Höhe: 3 m, Postltz: I-19100. **Auskunft:** Azienda di Promozione Turistica, Tel. 0187 770 900. **Bahnstation:** La Spezia.

La Spezia, die zweitgrößte Stadt Liguriens, liegt an der innersten Stelle des gleichnamigen Golfes. Das relativ moderne Stadtbild des bedeutenden Industriezentrums zeugt von wirtschaftlichem Aufschwung und städtebaulicher Entwicklung in jüngerer Zeit. La Spezia gewann an Bedeutung, als hier nach der Mitte des 19. Jahrhunderts das Arsenal angelegt wurde. Aber man darf darüber nicht vergessen, daß dieses Gebiet schon zur Steinzeit besiedelt war (Isola Palmaria) und daß sich auch die Römer lange hier aufgehalten hatten.
Die ersten Befestigungsanlagen im Golf, die Burgen Vesigna und Carpena, gehen auf die Mitte des 11. Jh. zurück. Der Name des Ortes, der damals noch von der Burg Vesigna abhing, tritt aber erst im 13. Jh. auf.
Genua, das mit den Fieschi die Oberhand im Golf gewonnen und 1256 die Pisaner vertrieben hatte, begann wenige Jahre später mit dem Bau der Burg San Giorgio, in deren Schatten sich das kleine Fischerdorf zusammendrängte. Die Doria, erbitterte Feinde der Fieschi, setzten La Spezia 1273 in Brand, und die Burg Carpena wurde aufgrund eines Abkommens zwischen der Republik Genua und den „universitates hominum" (Gemeinden) Fabiano, Biassa, Foce, Pegazzano usw. zum Verwaltungszentrum bestimmt. Im Jahr 1276 traten die Fieschi das Gebiet von La Spezia an Genua ab, und als die genuesische Flotte wenige Jahre darauf die Pisaner an der Meloria besiegte, begann der eigentliche Aufschwung der Stadt. Der Doge Simone Boccanegra gründete 1343 aus den Gemeinschaften Isola, Follo, Tivegna, Bastremoli u.a. die Gemeinde La Spezia, das 1371 mit der Gemeinde Carpena zum Gerichtsbezirk La Spezia zusammengeschlossen wurde. Im selben Jahr erteilte der Doge Domenico Campofregoso die Erlaubnis zum Bau der Stadtmauer, die sich von der Burg zum Oratorium San Bernardino hinzog und längs der heutigen Via Colombo verlief, um dann über San Giovanni wieder zur Burg zurückzuführen. La Spezia war jetzt eine blühende Stadt, die rege

Handelsbeziehungen zu den umliegenden Gebieten aufnahm und durch die „cabella salis albi" (Salzsteuer) zu Reichtum gelangte; denn der bedeutende Salzhandel mit Korsika lag nunmehr fest in genuesischer Hand. Im 15. Jh. dehnt sich das Burgquartier allmählich aus, und es entstanden die Kirche und das Kloster S. Agostino.
Im frühen 17. Jh., als die Stadt Sitz von Hauptleuten ist, wird die Burg S. Giorgio um einen befestigten Bau mit quadratischem Grundriß erweitert. Außerdem entstehen die Torre Scola und ein neuer Mauertrakt, der längs der heutigen Via Malta verläuft.
Aus Furcht vor einem österreichischen Angriff werden im Jahr 1748 die Befestigungsanlagen der Stadt verstärkt. Aber die damaligen Herrscher hatten nicht nur die Verteidigung im Sinn, sondern sie wandten ihre Aufmerksamkeit auch einer bestmöglichen landwirtschaftlichen Nutzung der umliegenden Felder zu: So ließen sie verschiedene Wasserläufe verbauen und legten mit Kanälen ein vorbildliches Bewässerungsnetz an.
Auch unter französischer Herrschaft werden bedeutende Bauarbeiten durchgeführt, und Hauptmann Stefanini nimmt eine Geländevermessung der Stadt vor, die ein wichtiges historisches Dokument der Kartographie von La Spezia darstellt. Die Franzosen führen bedeutende Neuerungen ein: Sie beschließen die Anlage des militärischen Arsenals an einer vor den Winden „Libeccio" und „Scirocco" geschützten Stelle des Golfes, und sie trassieren die Straße La Spezia-Portovenere, die 1812 beendet wird.
Mit dem 1815 vom Wiener Kongreß beschlossenen Anschluß Liguriens an das Königreich Sardinien erleben die großen Entwicklungspläne für die Stadt eine Unterbrechung, und auch die militärischen Projekte werden einstweilen beiseitegelegt.. Die Bevölkerung von La Spezia nimmt zu, und die Stadt, die in nur 40 Jahren eine Einwohnerzahl von 24.000 Personen erreicht hat, dehnt sich allmählich über die Stadtmauern hinaus bis zum Meer aus. In dieser Zeit sind mehrere bemerkenswerte Ereignisse zu verzeichnen: Zwischen 1840 und 1846 wird das Stadttheater errichtet; der damalige Marineminister, Camillo Graf Benso di Cavour, verlegt die Kriegsmarine von Genua nach La Spezia; die italienische Königsfamilie hält sich mehrmals in der Stadt auf; Cavour beschließt die Anlage eines Arsenals zwischen La Spezia und dem Ort San Vito. Der neue Stadtbauplan von 1862 sieht die Erweiterung der Stadt nach zwei Richtungen hin vor: nach Nordwesten längs einer Verlängerung des Corso Cavour und der Via del Prione und nach Osten längs der neu angelegten Via Domenico Chiodo.

Sehenswert im Ort und in der Umgebung

Die **neue Stadtmauer,** die anstelle des von den Genuesen im 13. Jh. errichteten Mauerrings angelegt worden ist, wurde im 19. Jh. von

Domenico Chiodo entworfen und stellt ein interessantes Beispiel militärischer Baukunst dar. Die **Kirche S. Maria Assunta,** bis 1975 Kathedrale, geht auf das Jahr 1271 zurück. Sie wurde im 15. Jh. innerhalb der damaligen Stadtmauer wiederaufgebaut, ist aber durch Bauarbeiten, die im 20. Jh. durchgeführt worden sind, stark in ihrer baulichen Struktur verändert worden. Im Inneren wertvolle Gemälde und Plastiken. Die **Burg S. Giorgio,** um die Mitte des 13. Jh. von Nicolò Fieschi errichtet, war ein häufiger Zankapfel zwischen den Fieschi und den Doria. Sie wurde mehrmals zerstört und im 14. und 17. Jh. wiederaufgebaut, und in jüngster Zeit (ab 1970) ist sie umfassenden Restaurierungsarbeiten unterzogen worden. Das **Arsenale Militare Marittimo** wurde 1860 im Auftrag von Cavour ebenfalls von Domenico Chiodo entworfen. Es verfügte anfangs über zwei Docks, mehrere Hafenbecken, Landungsdämme, zahlreiche Gebäude, Kasernen und ein Krankenhaus sowie über ein Straßen- und ein internes Bahnnetz. Chiodo arbeitete später auch einen Plan zur Erweiterung des Arsenals aus. Neben dem Haupteingang zum Arsenal liegt das **Museo Navale della Marina Militare**. Es entstand 1870 infolge der Verlegung des Museo Navale von Genua nach La Spezia und wurde später durch Schiffsmodelle erweitert, die von den ältesten (ägyptische und römische Boote) bis zu den modernsten reichen. Bedeutend ist die schöne Sammlung an Galionsfiguren, von denen einige hohen künstlerischen Wert aufweisen. Die archäologische Sektion des **Museo Civico** enthält Originalexponate aus der Bronze- und Eisenzeit, berühmte Stelen, Brandurnen, Statuen aus römischer Zeit. Das Bild der Antike rundet ein Besuch in der **römischen Villa del Varignano** ab, die von der römischen Zeit des Glanzes in der Meeresbucht zeugt. Zahlreiche **Straßen und Plätze** der Stadt sind ein gutes Beispiel weitblickender Stadtplanung des 19. und 20. Jh.

Spazierwege und Bergtouren

Zur Kirche Madonna dell'Olmo, 284 m, 1 Std. Zur Kirche Madonna dell'Acqua, 174 m, 45 Min. Auf den Monte Arsa, 207 m, 30 Min. Nach Biassa, 316 m, auf Weg 4, 1 Std. Auf den Monte S. Croce, 541 m, 1.30 Std.

LERICI

Gde. (H 3-4), Prov. La Spezia, Einw.: 11.284, Höhe: 10 m, Postltz: I-19032. **Auskunft:** Azienda di Promozione Turistica Lerici, Tel. 0187 967 346. **Bahnstation:** Sarzana (8 km), Busverbindungen mit La Spezia.

Der vielbesuchte Badeort Lerici, der am Südrand des nach ihm benannten, malerischen Golfes liegt, lebt heute von Fischfang und Fremdenverkehr. Dank der touristischen Entfaltung hat sich der Ort auch auf die umliegenden Hügel ausgedehnt. Schon Ptolemäus erwähnt einen „Portus Erici", und eine Urkunde aus dem Jahr 1152, in der von der Abtretung des „Mons Ilicis" durch die Herren von Arcola und Vezzano an Genua die Rede ist, zeugt von der strategischen Bedeutung Lericis in vergangenen Zeiten. Der Ort, in dem 1196 ein Treffen zwischen den Seerepubliken Genua und Pisa stattfand, gehörte bis 1256 den Pisanern, die ihn befestigten und eine mächtige Burg errichteten. Er kam dann an Genua, später an verschiedene Herren, bis er 1814 dem Königreich Sardinien angeschlossen wurde.

Sehenswert im Ort und in der Umgebung

Die ortsbeherrschende **Burg** wurde in der ersten Hälfte des 13. Jh. von den Pisanern erbaut und später von den Genuesen erweitert und mit Bollwerken versehen. Im Inneren befindet sich die einschiffige **Kapelle S. Anastasia** (1250) mit Kreuzgewölbe und das **Museo Creopaleontoloigico.** Von der Burgmauer herrlicher Blick auf den Golf von La Spezia. Das **Oratorio S. Rocco** aus dem 15. Jh. wurde im 16./17. Jh erweitert. Die barocke **Pfarrkirche S. Francesco** wurde 1632-1636 auf den Resten eines Vorgängerbaus errichtet, von dem nur eine Marmorsäule erhalten ist. Im Ortsteil S. Terenzio die spätmittelalterliche **Burg** (15./16. Jh.).

Spazierwege und Bergtouren

Zur Costa di Murlo, vom Ortsteil Fiascherino, 1 Std.

LÈVANTO

Gde. (D 2), Prov. La Spezia, Einw.: 5.788, Höhe: 3 m, Postltz: I-19015. **Auskunft:** Azienda Speciale di Lèvanto, Tel. 0187 807 175. **Bahnstation:** Lèvanto.

Der berühmte Badeort Lèvanto, der sich auf einer kleinen Schwemmlandebene ausdehnt, ist von einer Arena fächerartig angeordneter Högel umgeben. Funde aus der Eisenzeit, die hier ans Tageslicht gekommen sind, lassen darauf schließen, daß der Ort schon in vorrömischer Zeit besiedelt war. Im Mittelalter gehörte er zuerst den Malaspina, dann den Da Passano, um schließlich, wie die meisten Nachbarorte, im Jahr 1211 unter genuesische Herrschaft zu kommen. 1229 erreichte die Bevölkerung daß sie eigene Statuten und Verwaltungsautonomie erhalten durfte. Lèvanto, häufig Schauplatz von Kämpfen zwischen Guelfen und Ghibellinen, wurde 1637 zum Sitz eines Hauptmanns erhoben und hatte die Gerichtsbarkeit über die umliegenen Gemeinden inne. Im frühen 19. Jh., zu napoleonischer Zeit, wurde ihm das Stadtrecht verliehen.

Sehenswert im Ort und in der Umgebung

Die 1226 erbaute und im 15. Jh. erweiterte **Pfarrkirche S.Andrea** ist mit ihrer gestreiften Fassade aus weißem Marmor und grünem Serpentin ein gutes Beispiel der ligurischen Gotik. über dem gotischen Portal, dessen Lünette ein 1400 datiertes Fresko aufweist, befinden sich eine elegante Rosette und seitlich davon zwei doppelbogige

Fenster. Auf einem Hügel die im 12. Jh. von den Malaspina erbaute **Burg,** die 1439, 1608 und 1740 restauriert wurde und heute Privatbesitz ist. Die 1449 gegründete **Annunziata-Kirche** der Franziskaner wurde 1615 nach dem Einsturz eines Schiffes wiederaufgebaut. Interessant auch die **Casa Restani** mit gotischen Bauelementen und die **Loggia Comunale** aus dem 13. Jh.

Spazierwege und Bergtouren

Auf den Monte Bardellone, auf Weg 19 über Colletto, Foce di Lavaggiorosso, Dosso und Montale, 4 Std. Auf die Colla di Gritta, auf Weg 12, 45 Min. Zur Foce di Lavaggio, auf Weg 23 über Lizza und Lavaggiorosso, 2 Std. Nach Monterosso, auf dem "Sentiero Rosso" (Weg 1) bis Punta Mesco, dann weiter auf Weg 10, 2.30 Std. Auf den Monte Vè, auf Weg 14, 1.30 Std.; mögliche Varianten auf Weg 15 (von Le Rocche) und Weg 16 (Abzweigung des "Sentiero Rosso" am Monte Vè), 1.30-2 Std.

MANAROLA

Fraktion der Gde. Riomaggiore (F 3), Prov. di La Spezia, Einw.: 659, Höhe: 20 m, Postltz: I-19010. **Auskunft:** Municipio (Gemeindeamt) Riomaggiore, Tel. 0187 920 633. **Bahnstation:** Manarola.

Die Ortschaft zieht sich von einem Felsvorsprung bis zur Küste hin, wobei es dem Lauf des Volastra-Bachs folgt. Sie besteht aus schmalen, steingepflasterten Gassen und steilen Treppenaufgängen. Das Ende des 12. Jh. gegründete Dorf kam 1276 unter genuesische Herrschaft.

Sehenswert im Ort und in der Umgebung

Hoch über dem Ort die **Pfarrkirche Natività della Vergine,** an der gotischen Fassade ein wertvolles Portal und eine kunstreiche Rosette. Der Glockenturm steht abseits, wie es für die Toskana typisch ist.

Spazierwege und Bergtouren

Nach Riomaggiore, auf der berühmten "Via dell'Amore" (Weg 2), 30 Min. Nach Corniglia, auf dem "Sentiero Azzurro" (Weg 2), 45 Min. Auf den Monte Marvede, 689 m, auf Weg 6, 1.30 Std. Nach S. Benedetto auf Weg 02, 4 Std. Auf den Monte Capri, 785 m, auf Weg 6 bis Bovera, dann auf Weg 6a, 1.30 Std.

Manarola (Foto A. Casagrande).

MONEGLIA

Gde. (B 1-2), Prov. Genua, Einw.: 2.693, Höhe: 4 m, Postltz: I-16030. **Auskunft:** Pro Loco Moneglia, Tel. 0185 490 576. **Bahnstation:** Moneglia.

Das alte Fischer- und Bauerndorf Moneglia liegt zwischen der Punta Moneglia und der Punta Rospo in einer herrlichen Bucht. Der beliebte Fremdenverkehrsort kann auch mit landschaftlichen Vorzügen aufwarten, und seitens der EG ist ihm als einem der besten italienischen Seebäder eine besondere Anerkennung zugesprochen worden. Moneglia, das römischen Ursprung hat, war schon unter dem römischen Kaiser Augustus (14 n.Chr.) bekannt und wird in mehreren antiken Dokumenten erwähnt, so auch in der Peutingerschen Tafel, der ältesten uns überlieferten Straßenkarte. Der Ort, der im Laufe seiner Geschichte von verschiedenen Herren erobert wurde, kam schließlich zu Genua, dem er als treuer Verbündeter zur Seite stand.

Sehenswert im Ort und in der Umgebung

Die 1130 gegründete **Pfarrkirche S. Croce** wurde 1390 abgeändert und mit dem Chor versehen und 1726 teilweise umgebaut. Interessanter ist die **Burg Monleone** aus dem Jahr 1173, deren Reste und Ringmauer heute noch im Castelletto zu erkennen sind, das zu Beginn unseres Jh. an derselben Stelle errichtet worden ist. Im Osten der Ortschaft der **Turm** (ca. 12. Jh.) und die **Burg Villafranca,** die durch die letzten Kriegsgeschehnisse zerstört wurde. Nennenswert ist der angeschlossene, heute renovierte Park, und der Turm, in dem derzeit das Studienzentrum Felice Romani untergebracht ist. Sehr interessant auch die **Kirche S. Giorgio** mit dem benachbarten Franziskanerkreuzgang des 15. Jh.; im Inneren Werke bedeutender Künstler, darunter ein Gemälde, das (nicht mit Sicherheit) Peter Paul Rubens zugeschrieben wird, ein Flügelaltar aus dem 14. Jh. von Giovanni da Pisa, ein Flügelaltar von Anfang des 16. Jh.s von Barbagelata und die "Heiligen drei Könige" von Luca Cambiaso. Das wichtigste historische Bauwerk von Moneglia ist zweifellos das **Oratorio dei Disciplinanti** aus dem 10. Jh., in dem vier Freskenschichten zu erkennen sind, die aus der Zeit von 1200 bis 1700 stammen. In der Umgebung die **Kirche S. Lorenzo** (13. Jh.), die **Pfarrkirche S. Saturnino** und die **Pfarrkirche S. Maria Assunta** in Lemeglio, in der sich ein Gemälde von Procaccini befindet.

Spazierwege und Bergtouren

Nach Bracco, auf dem östlichen „Levante"-Kamm bis Lemeglio und dann weiter nach Bracco, 6 Std. Nach Litorno, 30 Min. Nach Come-

Moneglia (Foto A. Casagrande).

glio, 30 Min. Nach Casale, 20 Min. Nach Crova, auf einem alten Weg und teilweise auf einer Fahrstraße, 1 Std. Zur Kirche San Lorenzo, durch Olivengärten, 30 Min.

MONTEROSSO AL MARE

Gde. (DE 3), Prov. La Spezia, Einw.: 1.643, Höhe: 6 m, Postltz: I-19016. **Auskunft:** Associazione Turistica Pro Loco, Monterosso al Mare, Tel. 0187 817 506. **Bahnstation:** Monterosso al Mare.

Die am Westrand der Cinque Terre in einem Talkessel gelegene Ortschaft wird im Norden von Hügeln geschützt, auf deren Hangterrassen Wein, Oliven und Zitronen angebaut werden. Die Gemeinde besteht aus zwei Teilen: Der ältere Ort ist Monterosso, während Fegina in jüngster Zeit als Ferienort entstanden ist. Monterosso war von der Bevölkerung von Albareto gegründet, dann aber vom Langobardenkönig Rotari zerstört worden. Der 1056 erstmals urkundlich erwähnte Ort war Lehnsbesitz der Obertenghi und der Da Passano. Er kam im 11. Jh. an die Fieschi und im 16. Jh. an die Doria und teilte von da an die Geschichte Genuas.

Sehenswert im Ort in der Umgebung

Die **Pfarrkirche S. Giovanni Battista** wurde um das 13./14. Jh. errichtet, dann aber im Barock umgebaut. Das **Oratorio di S. Maria di Porto Salvo,** ein Barockbau mit 1922 angelegter Fassade. Der mittelalterliche **Turm Aurora,** der den alten vom neuen (Fegina) Ortsteil trennt. Auf den Anhöhen hinter dem Ort die ursprünglich mittelalterliche, aber mehrmals umgebaute **Wallfahrtskirche Madonna di Soviore** und in ihrer Nähe die **Einsiedelei S. Maria Maddalena.**

Spazierwege und Bergtouren

Zur Punta Mesco, auf Weg 10, 1 Std. Zur Wallfahrtskirche Madonna di Soviore, auf Weg 9, 1.30 Std. Nach Vernazza, auf dem „Sentiero Azzurro" (Weg 2), 2 Std. Nach Lèvanto, anfangs auf Weg 10, dann auf dem „Sentiero Rosso" (Weg 1), 2.30 Std.

PORTOVENERE

Gde. (G 4), Prov. La Spezia, Einw.: 4.557, Höhe: 8 m, Postltz: I-19025. **Auskunft:** Associazione Turistica Pro Loco Portovenere, Tel. 0187 790 691; Tourismus-Ressort der Gemeinde, Tel. 0187 794 890. **Bahnstation:** La Spezia (13 km).

Dank seiner günstigen Lage konnte der heute vielbesuche Fremdenverkehrsort Portovenere, vor dem die Inseln Palmaria, Tino und Tinetto aus dem Meer aufragen, den Golf von La Spezia immer gut verteidigen. Portovenere wurde in das Verzeichnis der UNESCO - Weltschätze aufgenommen. Der wahrscheinlich von den Römern gegründete Ort wird 161 n. Chr. im "Itinerarium Maritimum Imperatori

Portovenere (Foto C. Speri)

Antoni Augusti" als "Portus Veneris" erwähnt; doch von "Veneris Portus" als Bezeichnung für den gesamten Golf von La Spezia war schon um 50 v.Chr. beim griechischen Geographen Strabon die Rede. Nach der 643 erfolgte Eroberung durch den Langobardenkönig Rotari und jahrhundertelangen Sarazeneneinfällen kam Portovenere im 10. Jh. zur Marca Obertenga, um dann an die Herren von Vezzano und schließlich an die Republik Genua überzugehen. Die Genuesen befestigten den Ort und errichteten eine mächtige Burg. Im Jahr 1336 kam er unter französische Herrschaft, und 1494 besiegte er die Flotte des Königs von Neapel, Alfons von Aragon. Weitere Herren waren die Österreicher, ab 1779 die Franzosen, und nach dem Wiener Kongreß blieb Portovenere bis zur italienischen Einigung beim Königreich Sardinien.

Sehenswert im Ort und in der Umgebung

Die auf einem Felsvorsprung gelegene **Kirche S. Pietro** erhebt sich auf den Resten eines römischen Venustempels. Sie weist frühchristliche (4.-5. Jh.), vorromanische und romanische Elemente und einen gotischen Chor auf. Die 1116 errichtete, aber bis zum 16. Jh. mehrmals umgebaute **Kirche S. Lorenzo** besitzt eine schwarz-weiß gestreifte Fassade und ein elegantes gotisches Portal. Die 1161 angelegte, aber erst im 16. Jh. vollendete **Burg.** Das sogenannte **„Haus der Doria"** aus dem Mittelalter.

Spazierwege und Bergtouren

Nach Campiglia, auf dem „Sentiero Rosso" (Weg 1), 2.30 Std. Zur Casa Derbi, anfangs auf dem „Sentiero Rosso", dann in nördlicher Richtung auf Weg 13a, 30 Min. Nach Biassa, über Campiglia und dann weiter auf Weg 4a, 2.30 Std. Rundwanderung auf der Insel Palmaria: vom Terrizzo wandert man auf der Ostküste der Insel bis zur Punta della Mariella und zum Capo dell'Isola, von dort zum Forte Cavour. Die Rückkehr zum Terrizzo erfolgt über die Nordwest-Spitze der Insel. Seit 1994 ist auf der Insel das C.E.A., Zentrum für ökologische Bildung eingerichtet, das direkt von der Gemeinde Portovenere geleitet wird. Es bietet Aufenthaltsmöglichkeiten zur Durchführung von Projekten, die auf das Studium des Ökosystems ausgerichtet sind.

RICCÒ DEL GOLFO DI SPEZIA

Gde. (F 2-3), Prov. La Spezia, Einw.: 3.369, Höhe: 148 m, Postltz: I-19020. **Auskunft:** Municipio (Gemeindeamt) Riccò del Golfo di Spezia, Tel. 0187 925 106. **Bahnstation:** La Spezia (9 km).

Diese im Hinterland von La Spezia gelegene Gemeinde war 1806 durch den Zusammenschluß der Ortschaften Ponzò, Carpena, San Benedetto und Valdipino gebildet woren. Sie gehörte im 11. Jh. den Este, im 12. Jh. den Malaspina, dann den Fieschi und ab 1274 schließlich der Republik Genua.

Sehenswert im Ort und in der Umgebung

Die Ruine der mittelalterlichen **Burg von Ponzò** mit der Ringmauer und der Kapelle San Bartolomeo, deren Apsis und Außenseiten auf die Frühromanik zurückgehen. Die barocke **Pfarrkirche Santa Croce.**

RIOMAGGIORE

Gde. (F 3), Prov. La Spezia, Einw.: 1.881, Höhe: 56 m, Postltz: I-19017. **Auskunft:** Municipio (Gemeindeamt) Riomaggiore, Tel. 0187 920 633. **Bahnstation:** Riomaggiore.

Diese östlichste Ortschaft der Cinque Terre, die in einem schmalen Tal des Rio Maior liegt, ist auf der Staatsstraße Nr. 370 bequem zu erreichen. Der Fremdenverkehr hat daher die Landwirtschaft und den Fischfang ersetzt, die in vergangenen Zeiten die wirtschaftlichen Tragpfeiler darstellten. Zum Gemeindegebiet gehört auch Manarola (siehe dort). Riomaggiore soll im 8. Jh. gegründet worden sein, als sich einige griechische Flüchtlinge, die der Verfolgung durch Leo III. dem Isaurier entgangen waren, hier an der ligurischen Küste niedergelassen hatten. Die ersten Urkunden stammen aus dem Jahr 1276, und sie betreffen die Abtretung des Ortes seitens der Fieschi an die Republik Genua.

Sehenswert im Ort und in der Umgebung

Im Oberdorf die 1340 erbaute **Pfarrkirche S. Giovanni Battista.** Ein Gedenkstein in der Seitenmauer erinnert an die vom Bischof von Luni, Antonio Fieschi, erteilte Baugenehmigung. Die einsturzgefährdete Fassade wurde 1840 durch eine neue Vorderfront in neugotischem Stil ersetzt. Im Inneren ein Gemälde von Domenico Fiasella und wertvolle Temperabilder auf Holz. Das **Oratorio dei Disciplinati** (16. Jh.), im Inneren ein Triptychon „Madonna mit Kind und den Heiligen Johannes und Dominikus" aus der zweiten Hälfte des 15. Jh. Auf dem Cerricò-Hügel die **Burgruine** (15./16. Jh.).

Spazierwege und Bergtouren

Auf den Colle del Telegrafo, 516 m, und den Monte Fraschi, 526 m, auf Weg 3 über Biassa oder auf der Wegvariante 3a „Strada dei Santuari", 1.30 Std. Nach La Foce, 240 m, anfangs auf Weg O1, dann

Riomaggiore (Foto A. Casagrande).

von La Croce auf dem „Sentiero Rosso" über Carpena und Castè. Nach Manarola auf der berühmten „Via dell'Amore" (Weg 2), 30 Min. Zum Canneto-Strand, auf der Fahrstraße bis in die Nähe der Torre Guardiola, dann auf Weg 3b, 30 Min.

SANTO STEFANO DI MAGRA

Gde. (HI 2-3), Prov. di La Spezia, Einw.: 8.216, Höhe: 58 m, Postltz: I-19037. **Auskunft:** Municipio (Gemeindeamt) Santo Stefano di Magra, Tel. 0187 697 111. **Bahnstation:** Riomaggiore.

Die Gemeinde Santo Stefano di Magra, die sich hoch über dem Zusammenfluß von Magra und Vara im Magra-Tal ausdehnt, hat sich trotz vieler Umbauten noch ihr charakteristisches mittelalterliches Ortsbild bewahrt. Als befestigte Ortschaft befand sie sich 1185 im Besitz der Grafbischöfe von Luni, kam dann an die Malaspina und wurde schließlich 1321 von Castruccio Castracani erobert. Nach wechselvollen Zeiten wurde es der Republik Genua und nach dem Wiener Kongreß dem Herzogtum Massa und Carrara angeschlossen.

Sehenswert im Ort und in der Umgebung

Die auf den Grundmauern eines älteren Bauwerks errichtete **Pfarrkirche Santo Stefano** stammt aus dem 16. Jh., wurde aber im 18. Jh. barockisiert. In der **Wallfahrtskirche Beata Vergine delle Grazie** befindet sich ein Gemälde des 14. Jh.

Spazierwege und Bergtouren

Nach Aulla, 1.15 Std. Nach Ponzano, 30 Min. Nach Sarzana, 1 Std. Auf den Monte Grosso, 597 m, über den Höhenweg Monti Liguri, 2 Std.

SARZANA

Gde. (I 3), Prov. La Spezia, Einw.: 20.055, Höhe: 21 m, Postltz: I-19038. **Auskunft:** Municipio (Gemeindeamt) Sarzana, Tel. 0187 6141. **Bahnstation:** Sarzana.

Dieses bedeutende Städtchen dehnt sich am östlichen Rand der fruchtbaren Ebene am unteren Magra-Lauf aus. Dank seiner strategisch günstigen Lage an der Stelle, wo die Straße über den Cisa-Paß auf die Via Aurelia trifft, war es seit jeher ein wichtiger Verkehrsknotenpunkt, wovon die genuesische Stadtmauer, die Festung von Castruccio Castracani in Sarzanello und die von den Medici angelegte Zitadelle zeugen. Auch heute ist Sarzana ein bedeutsames Handelszentrum und ein blühender Agrarmarkt. Eine hier ans Tageslicht gekommene bronzezeitliche Stelenstatue läßt darauf schließen, daß das Gebiet von Sarzana schon frühzeitig besiedelt war. Im 14. Jh. kam es unter die Gerichtsbarkeit von Luni, und Flüchtlinge aus dieser Stadt fanden hier eine neue Heimat. Im Jahr 1318 wurde der Ort von

Castruccio Castracani erobert, der die Festung in Sarzanello anlegte. Nach wechselvollen Zeiten kam er 1572 unter genuesische Herrschaft, konnte aber eigene Gemeindestatuten und seine Rolle als Hauptort der Lunigiana beibehalten.

Sehenswert im Ort und in der Umgebung

Die ursprünglich romanische **Kirche Sant'Andrea** wurde im frühen 14. Jh. umgebaut und im 16. Jh. im Inneren barockisiert. Die **Kathedrale Santa Maria Assunta** ist zwischen 1204 und 1474 anstelle der früheren Pfarrkirche San Basilio errichtet worden. Die um 1488 vom Medici-Fürsten Lorenzo dem Prächtigen angelegte **Zitadelle** wurde im 16. Jh. erweitert und mit weiteren Mauern und Türmen befestigt. Die mittelalterliche **Festung in Sarzanello** nördlich von Sarzana wurde in der ersten Hälfte des 14. Jh. von Castruccio Castracani erbaut und mit Eckrondells versehen, und sie beeindruckt bis heute durch ihre ortsbeherrschende Lage.

Spazierwege und Bergtouren

Zum Landschaftsschutzgebiet Bozi di Sandino. Nach Falcinello. Nach Fosdinovo, 45 Min. Auf den Monte Carbolo, 657 m, 1 Std.

SESTA GODANO

Gde. (E 1), Prov. La Spezia, Einw.: 1.592, Höhe: 242 m, Postltz: I-19020. **Auskunft:** Municipio (Gemeindeamt) Sesta Godano, Tel. 0187 891 525. **Bahnstation:** La Spezia (32 km).

Sesta Godano liegt inmitten des oberen Valle del Vara, zwischen dem Vara-Fluss und den waldbestandenen Hängen des Monte Gottero, an der Grenze zu den Provinzen Massa und Parma. Es umfasst verschiedene Ortsteile, darunter Sesta, in dem das Gemeindeamt liegt, und Godano, das sich auf einem Hügel in beherrschender Lage erhebt. Der Abschnitt des Vara, der durch das Gemeindegebiet führt, ist wegen der Möglichkeiten zur Ausübung des Kayak-, Kanu- und Raftingsportes bekannt, der hier dank eines besonders milden Klimas von Oktober bis Ende Juni ausgeübt wird. Der Gottero-Wildbach mit seiner Schlucht ist Ziel von Wildbachfahrern. In Sesta Godano trafen in der Antike die Straßen von Pontremoli zusammen, die dann in Richtung Carro und Carrodano weiter führten. Im 15. Jh. war der Ort Sitz des Bürgermeisteramtes der Republik Genua, dem Gerichtsfunktionen oblagen.

Sehenswert im Ort und in der Umgebung

Interessant sind in Sesta die **Pfarrkirche Santa Maria Assunta,** eine im 18. Jh. umgebaute, ursprünglich mittelalterliche Kirche, eine ebenfalls **mittelalterliche Brücke** über den Grottero. Mauerreste einer alten **Burg** und von **Befestigungsanlagen**. In Rio die **Burg** (befestigtes

Palais) **der Fieschi.** Die Siedlung **Mangia** wurde ganz aus runden Fluss-Steinen erbaut. **Cornice**, auf einem sich steil über dem Vara erhebenden Hügel, bietet ein prachtvolles Panorama der Apuanischen Alpen und der Lunigiana-Ebene. In Groppo **anthropomorphe Reliefs auf Sandstein.**

SESTRI LEVANTE

Gde. (A 1), Prov. Genua, Einw.: 19.548, Höhe: 4 m, Postltz: I-16039. **Auskunft:** Azienda di Promozione Turistica Sestri Levante, Tel. 0185 457 011. **Bahnstation:** Sestri Levante.

Das Städtchen Sestri Levante dehnt sich am südöstlichen Rand des Tigullio-Golfes in einer Schwemmlandebene zwischen dem Hinterland und dem Felsvorsprung der Isola aus. Es ist einer der bekanntesten Badeorte des Tigullo und vor allem wegen seiner Buchten, Baia delle Favole im Westen und Baia del Silenzio im Osten bekannt, die sich an beiden Seiten der felsigen Halbinsel erschließen. Hier hielten sich Dichter auf wie Byron und Shelley und Schriftsteller wie H.C. Andersen, an den noch heute der bekannte "Andersen-Preis" erinnert, der 1975 als Wettbewerb für Märchenschreiber entstand und dann zu einer renommierten literarischen Veranstaltung wurde. Besonders traditionsreich ist der Ortsteil Riva Trigoso, wo die berühmten "leudi rivani" hergestellt wurden, Segelboote, die für den Wein- und Käsehandel mit Sardinien dienten. Sestri Levante, das von den tigullischen Ligurern gegründet worden war, hieß zur Römerzeit "Segesta Tigulliorum", und dank seiner Lage am Beginn der beiden in die Lunigiana, die Val di Vara und die Valle del Taro führenden Straßen war es schon damals ein bedeutendes Handelzentrum an der Küste. Im Mittelalter ging es an die Fieschi über, dann 1134 an die Republik Genua, die den Ort befestigte und an der Küste mehrere Burgen errichtete.

Sehenswert im Ort und in der Umgebung

An der Piazza Matteotti im Stadtzentrum steht der in der zweiten Hälfte des 17. Jh. errichtete **Palazzo Durazzo Pallavicini,** heute Rathaus. Im zweiten Stock, zu dem ein eleganter Treppenaufgang führt, befindet sich im Sitzungssaal eine „Anbetung der hl. Drei Könige" von Francesco Bassano. Ebenfalls an der Piazza Matteotti steht auch die **Pfarrkirche S. Maria di Nazareth** aus dem frühen 17. Jh. Bei einem Umbau wurde 1840 die klassizistische Vorhalle angefügt. Beim Aufstieg auf die Isola erreicht man die romanische **Kirche S. Nicolò dell'Isola,** die vom 12. bis zum 17. Jh. Pfarrkirche war. Das Bauwerk aus dem Jahr 1151 hat im 15. und im 17. Jh. mehrere Umbauten erfahren, wurde aber jüngst teilweise in seiner ursprünglichen Struktur wiederhergestellt. Im **Park des Grand Hotels dei Castelli** steht die **Torre Marconi,** in der Guglielmo Marconi seine ersten

Experimente mit Ultrakurzwellen durchführte. Das Grand Hotel dei Castelli erhebt sich an einer Stelle, an der die Genuesen 1145 eine Burg errichtet hatten. Einige Bruchstücke dieses Kastells sind in die Hotelfassade eingefügt worden. Interessant auch die um 1640 erbaute **Kirche S. Pietro in Vincoli,** in der sich heute die Kunstwerke des Oratoriums S. Caterina befinden, und die **Pinacoteca Rizzi** mit wertvollen Gemälden und Zeichnungen italienischer und flämischer Meister des 16.-18. Jh.

Spazierwege und Bergtouren

Nach Tassani, über Verici Superiore und den Monte Caddio, 392 m, 1 Std. Auf den Monte Moneglia, 1.30 Std. Nach Punta Manara, 1.15 Std.

VERNAZZA

Gde. (E 3), Prov. La Spezia, Einw.: 1.131, Höhe: 4 m, Postltz: I-19018. **Auskunft:** Municipio (Gemeindeamt) Vernazza, Tel. 0187 812 212. **Bahnstation:** Vernazza.

Dieses bezaubernde Dorf besteht aus schmalen Gassen, die durch steile Treppen (die sogenannten „arpaie") miteinander verbunden sind. Charakteristisch die kunstvoll verzierten Balkone und Lauben, die von einstigem Wohlstand zeugen. Zum Gemeindegebiet gehört auch Corniglia (siehe dort). Vernazza war um das 11. Jh. gegründet worden, und als tüchtige Seefahrer kämpfte es an der Seite Genuas, das sich der Ortschaft bemächtigt hatte, gegen die Pisaner. 1211 erhielt es von der ligurischen Republik das Recht, einen eigenen, autonom gewählten Vertreter ins ligurische Parlament zu entsenden. Seine Geschichte fiel dann mit dem wechselhaften Geschick Genuas zusammen.

Sehenswert im Ort und in der Umgebung

Interessant ist die **Piazza del Porto,** an der sich die bedeutendsten Bauten des Ortes erheben, darunter auch die **Pfarrkirche S. Margherita** di Antiochia, die 1318 anstelle eines Vorgängerbaus im Stil der ligurischen Gotik errichtet wurde. Sie wird von einem bemerkenswerten achteckigen Glockenturm (40 m) beherrscht und ist kürzlich restauriert worden.

Spazierwege und Bergtouren

Zur Foce Drignana, auf Weg 8, 1.30 Std. Nach Termine, auf Weg 8 und dann Weg 8b zur Madonna di Reggio, 2 Std. Zur Madonna di Reggio, auf Weg 7 bis S. Bernardino, dann weiter auf Weg 8a, 3 Std. Nach Monterosso, auf dem „Sentiero Azzurro" (Weg 2), dann kurz vor Monterosso auf dem unteren Weg (2a), 2 Std.

VEZZANO LIGURE

Gde. (H 3), Prov. La Spezia, Einw.: 7.447, Höhe: 271 m, Postltz: I-19020. **Auskunft:** Municipio (Gemeindeamt) Vezzano Ligure, Tel. 0187 993 111. **Bahnstation:** Vezzano Ligure.

Vezzano Ligure dehnt sich auf einem Apenninhügel aus, der den Golf von La Spezia vom unteren Magra-Tal trennt. Der aus zwei Teilen - Vezzano Superiore und Vezzano Inferiore - bestehende Ort beherrscht die Täler des Vara und des Magra, die am Fuß des Hügels von Vezzano zusammenfließen. Der Ortsname läßt auf eine römische Besiedlung schließen, als diese Gegend vielleicht vom Stamm der Vectia oder Vettia bewohnt war. Im Mittelalter befand sich der Ort im Besitz der Malaspina und dann der Grafbischöfe von Luni, um dann im 15. Jh. an die Republik Genua zu kommen, deren Schicksal er fortan teilte.

Sehenswert im Ort und in der Umgebung
Im unteren Ortsteil die romanische **Kirche S. Maria Assunta in Cielo** (14. Jh.) mit einem zu gotischer Zeit angefügten, zweiten Schiff. Die 1612 auf einem Vorgängerbau des 13. Jh. errichtete **Pfarrkirche S. Maria Assunta e S. Sebastiano.** Im oberen Ortsteil die barocke **Pfarrkirche Santi Siro e Prospero,** an der bis 1776 weitergebaut wurde. Charakteristisch der gepflasterte Kirchenvorplatz (Panorama auf den Golf von La Spezia) mit großer Windrose. Die **Festungen Bastia, Tria und Buonviaggio,** die im 19. Jh. zur Verteidigung des Golfes von La Spezia angelegt wurden.

Spazierwege und Bergtouren
Zum Ortsteil Bottagna, 15 Min. Zur Madonna di Buonviaggio, 30 Min. Zum Piano di Valeriano, 30 Min. Zum Piano di Vezzano, 15 Min. Nach Valeriano, 30 Min.

Titelbild Karte und Textheft/Foto di copertina
sulla cartina e del libretto: Riviera di Levante/
Manarola/Cinque Terre (Bildagentur Dr. Wagner)

Numero di edizione/Verlagsnummer 644/C1a
ISBN 3-85491-570-5

In 30 Minuten zu Wissen und Erfolg!

Dieses Buch ist so konzipiert, daß Sie in kurzer Zeit prägnante und fundierte Informationen aufnehmen können. Mit Hilfe eines Leitsystems werden Sie durch das Buch geführt. Es erlaubt Ihnen, innerhalb Ihres persönlichen Zeitkontingents (von 10 bis 30 Minuten) das Wesentliche zu erfassen.
In 30 Minuten können Sie das ganze Buch lesen. Wenn Sie weniger Zeit haben, lesen Sie gezielt nur die Stellen, die für Sie wichtige Informationen beinhalten.

- Alle wichtigen Informationen sind blau gedruckt.

- Schlüsselfragen mit Seitenverweisen zu Beginn eines jeden Kapitels erlauben eine schnelle Orientierung: Sie blättern direkt auf die Seite, die Ihre Wissenslücke schließt.

- *Zahlreiche Zusammenfassungen innerhalb der Kapitel erlauben das schnelle Querlesen. Sie sind blau gedruckt und daher leicht zu finden.*

- ***Die Zusammenfassung am Ende eines Kapitels informiert Sie in Kürze über den Inhalt der vorhergehenden Seiten.***

- Ein Symbol signalisiert zusätzlich, wo wichtige Zusammenfassungen stehen.

- Ein Register erleichtert das Nachschlagen.

Inhalt